ハンバーガーとは何か？

歴史、調理技法、ビジネスから読み解く
ハンバーガーの“本当の姿”

著 白根智彦
調理技術監修 吉澤清太

はじめに

企業が運営するファストフードハンバーガー店と、個人のクリエイティビティが光るグルメバーガー店の両方の〝中の人〟(企業のハンバーガー商品開発担当者と、グルメバーガー店経営者のことだ)の経験があるのは、自分の知る限り、日本では吉澤清太氏と私しかいない。ハンバーガー業界は狭いので顔見知りが多く業界地図が把握しやすいため、おそらくそれは本当だ。そんな経験を活かして、私は現在「日本唯一のバーガー研究家」という肩書きの下、ハンバーガーの文化や技術を探究することをライフワークにしている。と言っても、新しくできたハンバーガー店を紹介するわけでもないし、画期的なアイデアのレシピを生み出すわけでもない。ハンバーガーのこれまでとこれからについてひたすら調べ、記録に残すという作業を行っている。

そもそも、ハンバーガーはこんなにポピュラーな食べ物であるのに、ハンバーガーとは何か、説明できる人はどのくらいいるだろうか？　意外と皆、ハンバーガーについて知らないのではないだろうか。今、ハンバーガーの世界はものすごく多様化している。同じ「ハンバーガー」という名前がついていても、店によってまったく別物だと考えてほしいくらいだ。鮨の世界で言う「すきやばし次郎」と「スシロー」の差とまでは言わないが、とにかくそのくらいコンセプトも価格帯も商品の質も違う。しかし、世間一般でハンバーガーと言えばサンドイッチの仲間の軽食としての「ファストフードハンバーガー」のイメージが強く、ジャンクフードであれこそすれ、一つの「料理」であるとは認識される由もないのが現状である。ところが、ハンバーガーの中でも「グルメバーガー」というものに注目していただくと、味やビルド（パーツの積み方）に工夫が凝らされた、れっきとした「料理」であることがわかる。しかも、このグルメバーガーというものは、日本で生まれ日本で発展したものだ。

私の願いは、そんなグルメバーガーを日本独自の食文化として世間に認識してもらい、日本のハンバーガー業界をもっと発展させること。その目標に向けて本書では、読者の方々とまずハンバーガーに対する〝認識のすり合わせ〟をすることをめざして、ハンバーガーのこれまでとこれから、そして今の日本のハンバーガーについていろいろと話していきたい。

白根智彦

本書と同じく白根氏と組んで出版した前著『ハンバーガーの発想と組み立て』（誠文堂新光社、2018年）から5年の歳月が経ち、この5年間でハンバーガー業界にもいろいろな変化が起きました。その5年のうち、約3年間はコロナ禍。おそらく誰も想像もしていなかったCOVID-19という得体の知れないウイルスが世界中を震撼させ、先の見えない不安と混乱に世界中の人々を陥れました。飲食店の営業自粛や、テレワーク・在宅勤務という前代未聞の状況が続いた中で、もともとハンバーガーならではの強みであったテイクアウトやデリバリーのおかげなのか、皮肉にも飲食業界で圧倒的に売り上げを増やし続けたのが、ファストフードチェーンを始めとするハンバーガー業界でした。いろいろな企業がハンバーガー事業に進出するという現象も見られ、あっという間に淘汰されていくブランドも少なくなかったですね。ある意味で、歴史的な状況を体感させられた期間でもありました。そこであらためて実感したのはハンバーガーの可能性と限界だったのですが、いろいろな業界の企業や、同じ飲食でも違った業種・業態のところがハンバーガー事業に参入したことにより、限界よりも可能性の方を強く感じました。まだまだハンバーガーは進化・多様化するし、それに伴ってハンバーガーというジャンルの中でも店をカテゴライズすることによって、いろいろなシーンに対応できるポテンシャルを持つ食べ物だということを示せるのではと思いました。

YouTubeを通して過去になかったようなハンバーガーについての発信も増えたり、キャンプでのアウトドア飯でハンバーガーを作る人が増えたりして、徐々にハンバーガーの広がり方や理解にも変化が起きているような気がしています。これはハンバーガー業界にはとてもいい流れだと思いますし、本場・米国で進化が止まっていたハンバーガーという食べ物が、日本でグルメバーガーと言われるムーブメントを引き起こし進化が始まってからの、また次のフェーズに変わった象徴でもあるのかなぁと微笑ましく感じています。

ハンバーガーの魅力は、バンズと焼いたミートパティだけのシンプルな構成でもいいし、好きなチーズを足したり野菜類を入れたり、食卓に普通に揃えてある調味料やスパイスで味付けしたりしてもいいし、といった無限の組み合わせが可能な点。それぞれの分量やパーツを入れる位置によっても、味わいが複雑に変化するさまを楽しめます。ハンバーガー職人としては、熱々焼きたてのミートパティをベースに、どんな味を重ねていくか？　と考えながら作り込むのが楽しいですね。その中で一度でも最高の味のハーモニーを体験すると、ハンバーガーという肉料理にハマってしまいますよ。そんなことを本書で伝えられたらと思います。

吉澤清太

目次

CONTENTS

chapter 2

ハンバーガーの歴史を紐解く

chapter

3／日本におけるハンバーガー

CONTENTS

chapter 4 ／〝グルメバーガー〟とその技術論

chapter 5

ハンバーガーにまつわるビジネス

CONTENTS

●カバー・表紙デザイン：片寄雄太（And Fabfactory）
●本誌デザイン：西巻直美（明昌堂）
●本誌イラスト：オオカワアヤ
●編集：和久綾花

chapter

1

ハンバーガーの世界へようこそ

そもそも「ハンバーガー」の定義とは？

「ハンバーガー＝牛肉100％ルール」って知ってる？

筆者は、家の近所にある区立図書館によく行く。2022年にリニューアルしたばかりで最新状態にアップデートされた設備が整っており、地域のコミュニティ施設と一体化することによって、世代を超えた人々のつながりや新たな交流を生み出すことをめざしているらしい。……というのは余談で、たまたま新着本のコーナーに子供向けの食べ物図鑑があったので手に取ってみた。**「ハンバーガー」というものが、子供向けにどのように説明されているか？** という点に興味があったからだ。自分自身が子供の頃は（筆者は1965年生まれ）、ハンバーガーは米国から日本に上陸してはいたが、まだ一般市民の生活に根付いてはいなかったので、当時の日本の図鑑にはきっと載っていなかっただろう。そのため、図鑑に載るハンバーガーを体験することが初めてで、新種を発見した時のごとくワクワクしていた。パラパラとめくって探してみると、

ハンバーガー：バンズという丸い形のパンに牛肉や鶏肉などの具材を挟んだもの

とある。**妥当な表現だけど、なるほど、一般的にはそういう認識か……と少し遺憾に思うところがあった。**というのは、筆者がハンバーガーチェーン「ベッカーズ」（2023年11月に全店閉店し、ブランドクローズ）を運営するベッカーズ株式会社（現・株式会社JR東日本クロスステーション フーズカンパニー）に勤務し、商品開発に従事していた時のこと。当時の上司で、米国の外食産業通である菱沼徹臣氏（元・ベッカーズ株式会社専務取締役）から、商品のメニュー名などにおける基本的順守事項について次のような厳しいお達しがあったからだ。

「牛肉を使ったパティ*を挟んだものでなくてはハンバーガーとは言わない。鶏肉を使っている場合はハンバーガーではなくチキンサンドと言う」

＊一般的には、肉や野菜などを練るなどし、円盤形または平らな形に成形したものを指す。ハンバーガーに使用されるものはとくに「ミートパティ」と呼ばれる

ベッカーズ株式会社は、米国のファストフード業界で高い実績がある米国人の取締役を複数招聘し、毎年米国への視察ツアーを組むほど、親米の社風であった。それゆえ、当時のベッカーズのメニュー名も当然のごとくハンバーガーの母国・米国の慣例やスタンダードに倣った名称をつけていた。ではその慣例、スタンダードとは何か? 米国では、**「ハンバーガーに使用するミートパティは牛肉を100％使用すること」**（概略）と、一般的かつ永続的な規則・規定を集成した法典「連邦規則集（略称CFR）」の中で明確に定められている（次頁参照）。つまり、牛肉100％のミートパティを挟まないとハンバーガーではないという、根拠のある決まりがあるということだ。そのため**鶏肉や魚を具材として使用した場合は「サンドイッチ」**となり、先の菱沼氏のお達しの通り、ベッカーズでもそれを順守してメニュー名をつけていた。この**「ハンバーガー＝牛肉100％ルール」を常識として刷り込まれてきた**ので、いまだにそこだけは過敏に反応しがちになり、先述の食べ物図鑑の「鶏肉などの」という部分が気になった次第であった。ただ先日、当の菱沼氏に連邦規則集の話をしたところ、「なんだそれ?」と言われた。当時のベッカーズ株式会社は、

連邦規則集そのものに則ったのではなく、米国での通例からメニュー名をつけていただけということがわかった（笑）。

連邦規則集（CFR）9巻319条15項

(b) **Hamburger.** "Hamburger" shall consist of chopped fresh and/or frozen beef with or without the addition of beef fat as such and/or seasoning, shall not contain more than 30 percent fat, and shall not contain added water, phosphates, binders, or extenders. Beef cheek meat (trimmed beef cheeks) may be used in the preparation of hamburger only in accordance with the conditions prescribed in paragraph (a) of this section.

（意訳）〝ハンバーガー〟は、生と（もしくは）冷凍のみじん切りの牛肉で構成されるべきものであり、牛脂と（もしくは）調味料の添加の有無にかかわらず、脂肪分は30％を超えてはならず、水、リン酸塩、結着剤もしくは増量剤を入れてはいけない。牛のほほ肉（トリミングされた牛のほほ肉）は規定された条件でのみ、ハンバーガーの調理に使用することができる。

サンドイッチとハンバーガーのカンケイ

さて、ここでハンバーガーを語るうえで前提となるサンドイッチとハンバーガーの関係性について説明しよう。簡単に言うと、**ハンバーガーはサンドイッチという食べ物の中の一つのカテゴリー**として存在する。つまり、ハンバーガーはサンドイッチの一種であるということだ。そもそもサンドイッチとは何かというと、一般的には、パンに具材を挟んだもの・のせたものの総称。パンや具材の種類についての縛りはなく、どんなものを、どんな順番で挟んでものせてもよい。そのさまざまなサンドイッチの中で、**丸いシェイプのバンズパン（以下、バンズ）にミートパティを挟んで提供**するスタイルのものをとくに「ハンバーガー」と呼ぶ。先ほど説明した米国の連邦規則集に則ると、鶏肉や魚をパティとして使用したサンドイッチは、たとえ丸いバンズに挟まれていて一見ハンバーガーに見えようが、○○バーガーと称することはできない。詳細は第2章で話すが、ハンバーガーは米国発祥の食べ物で、ドイツから米国に伝わったとされる「ハンバーガー・ステーキ」という牛挽肉料理が大元になっているため、米国では**ハンバーガーという単語自体が「牛挽肉の料理」というイメージ**を強く持つ。その言葉の意味合いに起因し、牛挽肉以外のものを使った場合、ハンバーガーの名称が用いられることはないのだ。

ただし、それは米国での話で、**日本では食材の種類と名称に関して法規の面での縛りがなく**、ハンバーガー発祥の歴史に起因する「ハンバーガー＝牛挽肉料理」というイメージもそこまで浸透していない。それゆえ、牛肉以外のパティを使用している場合でも、丸いシェイプのバンズに、何かしらのパティやフィリングを挟んでいれば**「〇〇バーガー」と呼称・認識**されることが多い。飲食店などでさまざまなメニューバリエーションを表現するために、一般的に使用されている呼称である。

ちなみに、筆者調べではあるが、米国発で日本に上陸しているハンバーガーチェーン店は、日本でも米国の慣例に則って「ハンバーガー」「バーガー」とその他の名称を使い分けているケースが多い（図表参照）。ただ、フライドチキンを主力商品とする「ケンタッキーフライドチキン」は、2022年10月12日より、フライドチキン

日本に進出している米国発のハンバーガーチェーン店のメニュー名が、米国の慣例を順守しているかどうか

	日本	本国（米国）
マクドナルド	順守	順守
バーガーキング	日本国内のマーケティングにより対応	順守
ウェンディーズ	日本国内のマーケティングにより対応	順守
ウェイバックバーガー	日本国内のマーケティングにより対応	順守
ファットバーガー	順守	順守
カールスジュニア	順守	順守
シェイク シャック	一部の表記のみ、日本国内のマーケティングにより対応	順守
A&W	順守	順守

をバンズに挟んだチキンサンド系のメニューの名称を**「○○サンド」から「○○バーガー」に変更**している。米国のスタンダードとは異なる形になるが、実のところ、以前は日本の消費者が「○○バーガー」とウェブ検索した時、ケンタッキーフライドチキンでは「○○サンド」だったため商品がヒットしないという難点があった。そのため、○○バーガーへの名称変更は時流に合わせた、ある意味実利にかなった対応であるのかもしれない。

定義ではなく〝認識〟

ハンバーガーの定義の話に戻ろう。先ほどは子供向けの食べ物図鑑におけるハンバーガーの説明を示したが、次に、広辞苑

「チキンサンド」の広告

2021年6月時のケンタッキーフライドチキンの広告。ニュースリリースにも「『チキンフィレサンド』は、KFCだからこそできる特製サンドウィッチ」と記載し、バーガーではなくサンドと称していた。

「チキンフィレバーガーズ」の広告

ケンタッキーフライドチキンが2023年10月に展開した「バーガー」の広告。このように2022年10月12日以降、サンドメニューの名称をバーガーへ変更している。ウェブサイトのメニュー紹介ページにも「ケンタの定番バーガーと言えば、チキンフィレバーガー！」という文言がある。

ほか、日本のいくつかの辞書・事典でのハンバーガーの項における記述（一部抜粋）を見ていく。

『広辞苑　第七版』（岩波書店）
①ハンバーグ‐ステーキを丸いパンに挟んだもの。バーガー。
②ハンバーグ‐ステーキに同じ。
（ハンバーグ‐ステーキ：挽肉に刻んだ玉葱・パン粉・卵などを加え、平たい円形にまとめて焼いた料理）

『三省堂国語辞典 第八版』（三省堂）
ハンバーグをはさんだ丸いパン。バーガー。

『大辞泉【第二版】』（小学館）
丸いパンにハンバーグステーキをはさんだもの。

『総合百科事典ポプラディア第三版』（ポプラ社）
円《まる》いパンにハンバーグステーキをはさんだ食べもの。ハンバーグステーキのほか、野菜、チーズ、ピクルスなどをはさむこともある。

「パンにハンバーグ（ハンバーグ・ステーキ）を挟んだもの」と記載されているものが多いが、これは筆者からするとまたもや遺憾である。第4章で詳しく説明するが、筆者は、数あるハンバーガーの仕立ての中でも、**ハンバーグをそのまま挟んでハンバーガーとすることだけは、やってはいけない**と思っている。ハンバーグ専門店やハンバーグをメニューに持つ飲食店のランチメニューで非常に多く見かけるが、ハンバーグと、ハンバーガーのミートパティは明確に違うからだ。ハンバーグは、それ単体で料理として成り立つように味や食感のバランスがとられたものである。対してハンバーガーは、ミートパティのほかにバンズやそのほかの具材という構成要素からなるもので、ミートパティはあくまでほかのパーツと一緒に食べてこそおいしいもの。ハンバーガーの中のパーツの一つに徹する作りである。

ここまで調べてみて、図鑑や辞書での定義と、ベッカーズ株式会社入社以来、曲がりなりにも30年以上ハンバーガーに携わってきた筆者が思う**ハンバーガーの定義に乖離**があることに気づいた。そういえば「定義」の中身は誰が決めているのだろう？　広辞苑に表現されていれば、それは正しく定義されているということなのだろうか？　と、そもそも論ではあるが定義という言葉を調べてみた。ざっとウェブで見ると、「ある言葉の正確な意味や用法について、人々の間で共通認識を定めるよう行われる作業」とされている。つまり、決定事項でも何でもなく、単なる〝認識のすり合わせ〟である。

そこで、ハンバーガー業界の人の認識を確認するべく、グルメバーガーの世界を経て、ハンバーガーチェーン「ロッテリア」や「バーガーキング」で商品開発責任者を務め、この本の調理技術に関する内容の監修をしてもらった吉澤清太氏に「ハンバーガーの定義をどう考えているか?」と聞いてみた。吉澤氏曰く「僕の認識は、牛挽肉100%で、つなぎなしで作るパティを、鉄板、もしくは薪や炭の直火焼きなどで焼き、バンズで挟んだ肉料理」。辞書の定義とは異なり、しかも期せずして「認識」と答えてきた。そんなわけで、本書では読者の方々と**ハンバーガーに対する〝認識のすり合わせ〟**をすることをめざして、ハンバーガーのこれまでとこれから、そして今の日本のハンバーガーやハンバーガー業界についていろいろと話していこうと思う。

一般的なハンバーガーのイメージ

皆さんのハンバーガーについてのイメージは?

筆者の名刺の肩書には「バーガー研究家」と書いているため、お初にお目にかかった方と名刺を交換させていただく際に「一番おいしいハンバーガーのお店はどこですか?」「私は○○というお店が一番おいしいと思うのですが、どうですか?」など、だいたい同じような事柄を必ず毎回尋ねられる。そのシチュエーションと会話を重ねてわかったことだが、実際のところ、**「ハンバーガー=マクドナルド」というイメージ**を持っている方はかなり多い。そして、マクドナルドを始めとしたファストフード店のハンバーガーしか食べたことがない方も、かなり多い。しかし、ファストフードのハンバーガーと、たとえば第4章で詳しく説明する「グルメバーガー」は**似て非なるものである**。ハンバーガーは、確かに日本ではファストフードとして広まったが、そののちにも食べ物として発展を遂げており、もはや画一的なものではない。

鮨の世界の例がわかりやすいと思うが、銀座の名店「すきやばし次郎」と大繁盛回転寿司チェーン「スシロー」の鮨は同じものと言えるだろうか? どちらがいい悪いという話ではない。鮨という食べ物としての発祥が同じであっても、**利用動機、価格帯、お客が求める価値、オペレーション**などが違い、それぞれの土俵で発展してきたのだから、比較する方に無理がある。どちらもすばらしい価値を持っているが、この両方の店の鮨を同列で比較して語る人はまずいないだろう。ファストフード店のハンバーガーと、そうではないハンバーガーについても、もはやそれほどの違いがあると考えてほしい。

もちろんそれをすでに知っている人もいる。ハンバーガー業界は、ラーメンや鮨業界などと同様、**いろいろな店を食べ歩く「愛好家」が目立つ業界**と言っていいと思う。「グルメバーガー」という概念が日本で生まれた頃に、その動きをリアルタイムで紹介するアクションを起こしたのが当時のハンバーガー愛好家のブロガーの皆さんである。時は2005年前後、のちにグルメバーガーと呼ばれるような店がまだ数えるほどしかなかった時代に、食べ歩きブロガーの中でグルメバーガーに特化した記事をポストする人たちが現れた。彼らは当初目新しいコンテンツの一つとしてグルメバーガーを扱っていたにすぎなかったが、徐々に実店舗で出会うようになってつながりを持ち、ブロガー同士のコミュニティが広がっていった。今はInstagramにそのフィールドが移ったが、いろいろな店を食べ歩き、ハンバーガーについてのポストを重ね、情報交換をするという文化は、**20年ほど前の〝パイオニア〟のハンバーガーブロガーの精力的な活動**が今につながっている結果とも言える。

われわれのフィールドのハンバーガーの世界

ところで、仕事で携わるなど特定の調査目的がない限り、ハンバーガーを比較・評価する機会もないだろうが、**同じ商品でも食べ手によって評価が大きく変わる**のは、さまざまな例に漏れずハンバーガーも同様である。端的に言うと、ハンバーガーの作り手や店舗運営側といったプロから評価を得られるものと、一般の食べ手が喜ぶものが異なるケースが多いということだ。Instagram

などのＳＮＳが発達し、食べ手側に食べ物が「映えるかどうか」という評価基準が浸透してからは、その傾向はさらに強まっていると感じる。

これはどういうことか、花火の世界で説明しよう。少し長いので、すでに話を理解している方は読み飛ばしてほしい。筆者が毎夏行く埼玉県熊谷市の花火大会には、プログラムに「スターマインコンクール」という、花火を制作・提供する県内の業者のコンペティションがある。「スターマイン」は「速射連発」という打ち上げ方法を指す名称で、違った種類の花火を組み合わせて連続して打ち上げ、テーマとなる世界観を表現する手法。コンクールの趣旨は、趣向を凝らした花火作品で自社の持つ技術の高さを披露するというものだ。筆者は毎回すべての業者の花火をメモしながら、順位を予想しているが、今までビックリするくらい当たったことがなかった。どころか、かすったこともない。もっと言えば、予想と真逆の結果になったこともあった。コンクールの採点方法は明らかではないが、プロにしかわからない技術競争、技術展覧会のようなものだったのかもしれない。つまり、**「技術力の高さ＝われわれの目につくぱっと見の派手な美しさ」ではなかった**ということだ。ところがだ。２０２３年から、有料観覧席の一般の人々も審査に参加することになった。一般審査員の票がどのくらいの割合で反映されるかはわからないが、コンクールの審査結果が発表されてビックリ。なんと筆者史上初めて、発表される１〜３位の３社が的中したのだ。きれいでインパクトがあって、素人にも強く訴えかける花火が選ばれたということだろう。プロが選ぶ技術力の高い花火と、一般の人が選ぶきれいな花火は一致するとは限らない。ハンバーガーも、調理技術が駆使されたものと、ぱっと見のインパクトがあるもの、**どちらが評価されるかは、評価する側によって大きく異なる**のだ。

今、メディアで取り上げられている、評価されているハンバーガーの多くは、少し前の言葉で言うと**「インスタ映え」するルックス**のものである。先ほど話した、ぱっと見のインパクトが強い花火の方だ。ビャーッと滝のようにチーズが流れ落ちていたり、満開のお花のようにトッピングが咲き誇っていたり、パーツが天高く積み重ねられていたり、山ほどのステーキがトッピングされていたり……。それらのハン

見た目のインパクトが強いハンバーガーの一例

筆者はこういったビジュアル性が高いハンバーガーを、世界最高峰のサーカス・エンターテインメント集団「シルク・ドゥ・ソレイユ」の魅力になぞらえ、「アクロバティックスタイルのハンバーガー」と呼んでいる。非日常的なルックスを持ち、エンターテインメント性が強いので、とにかく目で見て楽しめる。

バーガーは、競うように、何かほかとは違うエッセンスをビジュアルで見せつけようとする。

一方、筆者がこの本を通して魅力を伝えたいハンバーガーは、**プロが見た時に技術点で高得点を取る**ような、ある意味地味なもの。先ほども話した、ぱっと見のインパクトが強い花火ではなく、技術力の高い花火だ。ビジュアルの美しさは採点基準の一つだが、必然性のない派手な演出やエンターテインメント性はかえってマイナスである。それゆえ、メディアや一般の食べ手とは、ハンバーガーの評価に食い違いが出てくることがしばしばである。メディアが求めているのはアクロバティックでエンターテインメント性がある商品であることはよく理解しているし、それが間違っているとは言わないが、ハンバーガー職人たちは**ぱっと見ではわからない部分でも努力をし、技術を凝らしている**ので、いつかそれが一般的な評価基準としても認められることを切に願っている（調理技術については第4章で説明する）。

ハンバーガーはジャンクフードとして避けるべき？

話は変わるが、米国のドキュメンタリー映画『スーパーサイズ・ミー』（2004年）をご存じだろうか。これは、「1日に3食×30日間、ファストフードだけを食べ続けたらどうなるか？」というテーマで、監督自身がマクドナルドの商品だけを食べ続けた記録を映像に残したもの。この映画では、ハンバーガーを中心としたファストフードだけでは栄養が偏り、心身ともに影響を受けるという結果から**米国人の食生活への警鐘が鳴らされている。**

確かにハンバーガーは、食べすぎると身体によくない食べ物ではある。また「ハンバーガー＝マクドナルド」、つまりファストフードとしての印象が強ければ、ジャンクフード（高カロリー、高塩分、高脂質でビタミンやミネラルが不足し、添加物が加えられた、栄養価のバランスを著しく欠いた調理済み食品）としてのイメージがあるだろう。ただ、あえてハンバーガーの肩を持つが、仮に単品だけを摂取し続けるとするならば**どんな食べ物だって「栄養価のバランスを著しく欠いた食品」になる**可能性が大きい。また、グルメバーガー店などでは、野菜がフィーチャーされた商

映画『スーパーサイズ・ミー』

2004年製作／96分／米国
原題：Super Size Me
配給：クロックワークス、ファントム・フィルム
劇場公開日：2004年12月25日

品が展開されていることもある。要は、ハンバーガー中心の食生活とするわけでないならば、**ハンバーガーをジャンクフードとしてそう目の敵にしなくてもいいのでは**、という話だ。多様なハンバーガーがある中、「ハンバーガーはどうせジャンクフード」という先入観を持って避けてしまうのはもったいないと思う。

ハンバーガーの見方／食べ方

見た目のバランスがいいハンバーガーは味もいい

筆者はハンバーガーの「立ち姿」を表す時に、**「コア（体幹、芯）がある」**という表現を使うことがある。ハンバーガーには縦軸になるものがなく、パーツを下から順に積み上げていくという構成なので、本来はコアがない。しかし、有力なグルメバーガー店では、あたかも中心部に軸があるかのようにスッとそびえ立つハンバーガーに出合うことがかなりの頻度である。ピックの力もあるにはあるが、パーツの形状、積み方などによってバランスが保たれているということだ。

一方、吉澤氏も「バランスがいいルックスのハンバーガーは、味のバランスもいい」ということをよく話す。これは３６０度どこから見ても見た目のバランスが変わらず、３口ほど食べると特定

「コアがある」ハンバーガーの一例

東京・東池袋「No.18」の
アボカドチーズバーガー

東京・小伝馬町
「ジャック37バーガー」の
バリネスアボカドチーズバーガー

東京・代々木「ICON」の
ICONバーガー

の狙った味わいが成立することを言っている。インスタ映えを狙ったハンバーガーのように、カメラのレンズ方向（正面）にのみ大胆で派手なビジュアルを見せるものはバランスがいいとは言えない。念のため条件を補足しておくと、牛肉やチーズなど特定の食材のプロモーション商品や企画ものの商品は除き、通常の営業で販売されているレギュラーメニューの商品をサンプルとした時の話である。

つまりわれわれの意見としては、**「立ち姿・見た目のバランスのよさ＝味のよさ」**につながっているということだ。あくまでもわれわれの経験上の意見で、絶対というわけではない。しかし、作り手がハンバーガーの「バランス」にこだわると、結果的にすべてがプラスに作用することが多い。まず、バランスをとるためにはハンバーガー全体をデザインする必要があるので、一つのパーツだけではなく全体設計にまで気を配っていることが証明される。次に、各パーツに細かい処理が必要なので、そもそも仕事が丁寧になる。そして、ミートパティが口に入りやすいので最初から最後まで食べ手が気持ちよく食べてくれる。

もちろん、見た目のバランス以外にも評価すべき基準はある。一例を挙げると、ミートパティの仕込みや焼成はどのようにしているか、ほかのパーツやソースの仕込みやポーションは適切か、温度管理は適切か、バンズのカットや加熱はどのようにしているか、そしてそれらを重ねる順（ビルド順）は妥当か、などだ。重ねる順については決まりがあるわけではないが、たとえばミートパティをその商品の売りにしたい場合は、ミートパティが早い段階で口に入る下段に位置させるなど。簡単に言うと、ハンバーガー作りの**セオリーを理解しているかどうか**である。詳しくは第4章をお読みいただきたい。

Column

ハンバーガーの食べ方のすすめ

バランスのよいハンバーガーも、食べ方によっては店の意図が表現されず、商品の魅力が伝わらないことがある。そこで、とくに高さがあり紙の平袋とともに提供されるハンバーガーのおすすめの食べ方を簡単に記しておこう。

自分好みに味を変えられることを打ち出している商品以外は、卓上にケチャップやマスタードが置かれていても、まずは提供されたままの味で食べる

ナイフやフォークが用意されていても、袋に入れてかぶりついて食べる

高さがあるものは軽くつぶしてもいいが、バンズを始め各パーツの食感や形状が大きく損なわれない程度に留める

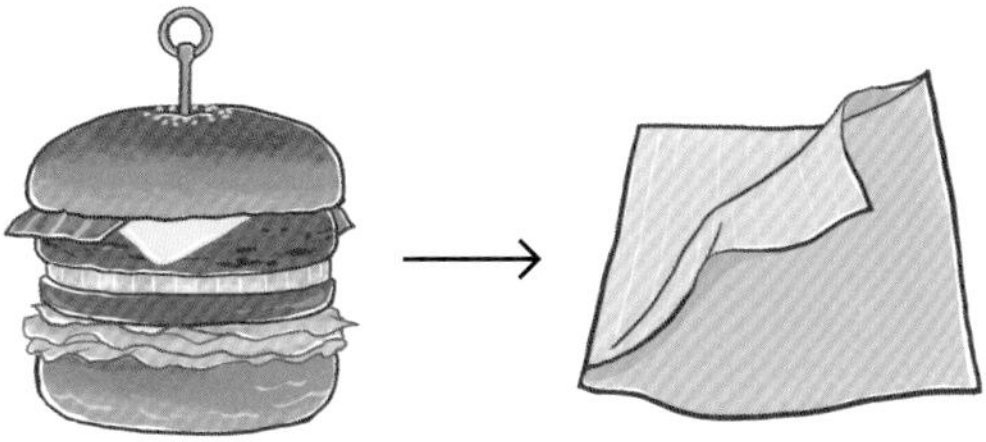

なるべく形を崩さないように袋に入れ、中心にピックが刺さっているものは、ハンバーガーを袋に入れてからピックを抜く

一口ですべてのパーツが口に入れられないほど大きい場合は、下半分をかじってから、上半分をかじるという順番で食べ、口中調味を交えながら食す

まずは提供時の状態で、上下を逆にせず食べ始める。また正面から食べることを前提に構成されているので、正面からかじりつく

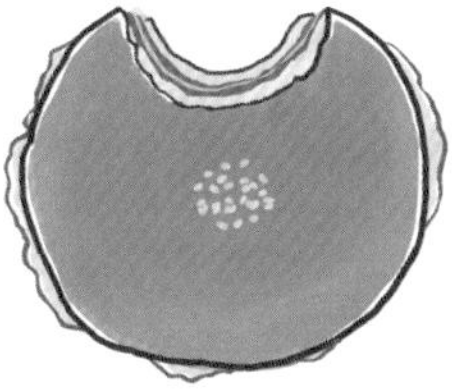

かじった後の両脇の端の方を狙いながら、ハンバーガーのバランスを崩さないように食べ進める

chapter

2

ハンバーガーの歴史を紐解く

ハンバーガーのルーツを知る

ハンバーガーは、いかにして生まれたのか

「牛挽肉を固めて焼いた肉料理を丸形のパンで挟む」という、肉料理とパンさえ揃えばどこでも見られそうな「食べ方のスタイル」が、現在まで形を変えず続くハンバーガーという一つの「料理」になった由来については諸説ある。というか、ほかの食べ物でもよくあるように「諸説ある」のオンパレードで、新たな証拠が出てこない限り**確実な正解はわからない**。サンドイッチもそうだが、そもそも「パン」と「挟めそうな食べ物」があれば誰かが挟んで食べているわけで本当の起源なん

てわからないし、あえて言うなら丸いパンとハンバーガー・ステーキ（のちに説明する）らしきものが両方揃った時が誕生の瞬間である。バンズ（バンの複数形）と呼ばれる、ハンバーガーに使われる丸いパンの語源や発祥はわかっていないが、単に丸いハンバーガー・ステーキを挟んで食べるのに都合がよかったため、丸いパンが使われるようになったのだと予想する（ちなみに「ハンバーガー専用のパン」を最初に意図して開発したのは、のちに説明する世界初のハンバーガーチェーン店「ホワイト・キャッスル」と言われている）。

ハンバーガーは現在「家庭料理」ではなく、「店で買う・食べる料理」として存在しているので、個人が家でハンバーガー・ステーキを作りパンで挟んだだけの出来事を発祥とは呼べないと思う。**ハンバーガーが商業的に成功し、フードビジネスとして成立する礎となった出来事**がハンバーガーの発祥と言えるというのが筆者の意見である。発祥にまつわる諸説はのちに説明するが、一つだけ、確実に言えることがある。それは「牛挽肉を固めて焼いたものをバンズと呼ばれるパンで挟む」という**われわれが想像する今の形のハンバーガーは、米国で誕生した**ということ。ハンバーガーの発祥にまつわる諸説のすべてが19世紀後半～の米国のものであることから、米国で生まれたであろうことは歴史の専門家の中でも異論はない。ただ、米国のどこであるか、という点は諸説のオンパレードだ。今となっては世界中に認知される料理となったハンバーガーとあれば、「発祥の地」とでも認定されれば観光資源として莫大な経済効果が生まれるのも理由の一つだろう。日本でもよくある元祖や本家争いどころではない。発祥のタイミングを正確に特定できるわけではないのが好都合で、このまま新たな証拠が出てこなければ永遠に「われこそ説」は続くのである。

筆者としてはこの本は、ハンバーガーが日本に伝わり、日本で進化した後の話をメインコンテンツとしたいのだが、その前に祖先のルーツを知っておくことは大きな意義のあることだと思う。いい機会なのであらためて資料や文献の中に見られる記述をつなぎ合わせて、ハンバーガーという料理が生まれるまでの道のりについて筆者なりに考察してみることにする。

ハンバーガーのパティの起源は「タルタルステーキ」

まず、ハンバーガーの主要要素であるミートパティの起源をたどっていくと、およそ13世紀にまでさかのぼる。これは、二つの仮説をつなぎ合わせた結果であるが、その説というのは、海外の多くの文献、書籍やウェブサイトが採用する**「ハンバーガーのパティはタルタルステーキを起源とする」**という説と、**「タルタルステーキはモンゴル帝国を起源とする」**という説である。「タルタルステーキ」は、牛肉や馬肉などの生肉を細かく切り、タマネギなどの薬味を入れ、香辛料で味つけした料理。加熱調理せず生肉のまま食すのが特徴だ。この料理のルーツと言えるものが歴史に登場したと言われるのが、チンギス・ハンが創設したモンゴル帝国が13〜14世紀にかけてヨーロッパに侵攻していた時代なのだ。

モンゴル帝国の兵たちは遠征に際して多数の馬を連れていき、乗用のみならず、食べ物に限りがある環境での行軍中の食料としても利用していたそうだ。今日《こんにち》でも食中毒に対して安全性が高く、栄養価に優れると評される馬肉は、遠征中にはもってこいの食料であったと考えられる。しかし、モンゴル兵たちが連れていたのは軍馬であり、食用に飼育された馬とは異なって、肉が硬く筋張り、とてもそのままでは食べられなかった。そこで馬に乗る際に、細かく切りきざんだ馬肉を鞍の下に入れ、騎乗する兵士の重さでやわらかくしてから味つけし、**食料とする手段が生み出された**とされている。

ここで、これまで説明した事柄がどのよ

チンギス・ハンの肖像

モンゴル帝国の創設者・初代皇帝のチンギス・ハン（在位1206〜1227）。一族の子孫が果敢に領土拡大を行い、一時はユーラシア大陸の大部分を支配するほどの大帝国を作り上げた。

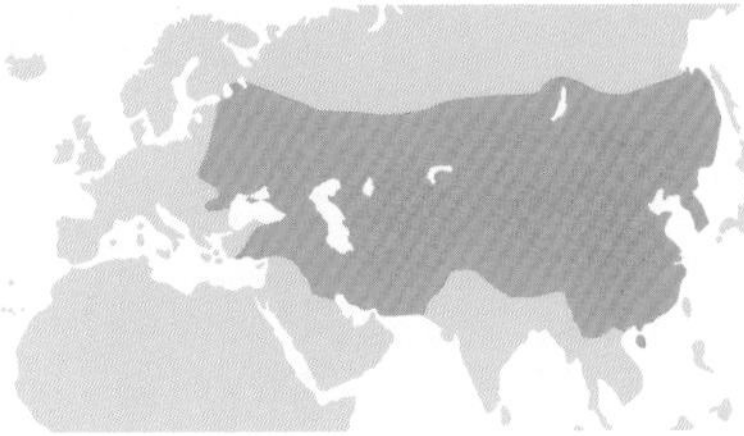

モンゴル帝国の最大領域

モンゴル帝国は、1206年にモンゴル高原の遊牧民を統一したチンギス・ハンが創設した遊牧国家。その最大領土は、現代の地名で言うと西は東ヨーロッパ・トルコ・シリア、南はアフガニスタン・チベット・ミャンマー、東は中国・朝鮮半島などにおよんだ。しかし14世紀以降分裂が相次いで解体が進み、滅亡した。

『角川まんが学習シリーズ　世界の歴史6 モンゴル帝国と東西交流 一二〇〇～一四〇〇年』（羽田正 監修、KADOKAWA、2021）より、一部改変うに記録に残されているのか確認しよう。モンゴル兵が肉を切りきざんで馬の背中で食べやすくしたという手法は、一つの歴史書や料理書にはっきりと記述されているわけではない。書物などの中に断片的に記述されていることや研究の成果を、**後世の人々がつなぎ合わせるようにして推測・拡大解釈したもの**だ。たとえば次のような歴史書の記述から、「モンゴル帝国の時代には馬肉を食べる食文化があったこと」「生肉を細かく切りきざんでいたこと」「行軍中に馬の背中に肉を乗せて肉を食べやすくしていたこと」が導き出され、これらがタルタルステーキのルーツだとする有力説となっていったようだ。

①キエフ・ルーシにまつわる年代記集成『イパチー年代記』には、1241年のモンゴル帝国の侵攻に関する記述があるとされている。ただ、その記述では行軍の際に「兵士たちが連れていた馬を食料としても利用していた」ということのみに触れられ、軍馬を食肉にするまでの処理過程についての具体的な記述はないという。

②14世紀初頭に完成したと言われるモンゴル帝国の歴史書『集史』には、モンゴル帝国時代の兵士の肉料理に関する次のような記述があるとされる。「戦士たちは、馬を乗り継ぎ、馬の肉を食べて生活する。戦士たちは、戦場で食べるために肉を挽く。肉は細かく挽かれ、馬の

背中で挽かれた」。

③通説では1240年に編纂されたと言われる、モンゴル帝国の歴史、文化、制度、伝説に関する記述を収めた書物『元朝秘史』では、馬肉が一般的な食材として広く食べられていたことや、肉の調理方法や食べ方についても言及されているそうだ。ちなみにチンギス・ハンが狩猟の帰りに馬肉を切りきざんで食べたこと、熟成させた肉を好んだことも記されている。

モンゴル帝国からロシア、ドイツ、ヨーロッパ全域へ

「硬い馬肉を細かく、やわらかく加工して、生で食する」。この食文化は、13世紀半ばまでにモンゴル帝国全体に広まり、その後モンゴル帝国の兵たちの侵攻に伴い、侵攻先の各地へと広がっていった。その過程で現在のロシアに伝わり、ハーブ・スパイス類や、オリーブオイルを加えるようになったとも推測されている。当時のモンゴル兵士たちがこの食べ物を何と呼んでいたかは謎だが、現在のタルタルステーキはこうして形作られていったという説が有力である。一説では「タルタル」は、東ヨーロッパの人々がモンゴル帝国の遊牧民・騎馬民族たちを指して呼んだ言葉「タタール」が、西ヨーロッパでギリシャ語の「タルタロス」の影響を受けて変化したものとされてい

る。タタール人は実際には特定の民族であるが、当時は単に「モンゴル人全般」を指していたようだ。ちなみに、タルタルステーキは朝鮮半島にも伝来し、現在の「ユッケ」のルーツになったとも言われている。

ただ、タルタルステーキの発祥自体にも例の通り諸説あり、これまで説明してきたモンゴル帝国発祥説以外にも、**フランスあるいはヨーロッパで生まれた料理だという説**もある。これは、次の資料などによるものだ。筆者はモンゴル帝国発祥説を採るが、念のため記しておく。

①近代フランス料理の基盤を作ったオーギュスト・エスコフィエは『ル・ギード・キュリネール』の1921年版で「タルタルステーキ」を、「アメリカ風ビーフステーキ」という料理(生の牛挽肉の上に生の卵黄を乗せ、ケッパー、タマネギやパセリのみじん切りを添えたもの)に、本来加える生の卵黄を添えず、タルタルソースを添えて提供するものと定義している。ここから、タルタルステーキに「タタール人のステーキ」という意味はなく、フランス料理の一つ「アメリカ風ビーフステーキのタルタルソース添え」から生まれたものという説が導き出された。この説では、タルタルソースの「タルタル」はタタール人とは関係がなく、単に「異国風」もしくは「蛮族風」という意味だと仮定されている。その後、本来のアメリカ風ビーフステーキと、そのタルタルソース添えのバリエーションとの区別が薄れ、アメリ

カ風ビーフステーキ自体が「タルタルステーキ」と呼ばれるようになったとされる。

②フランス料理を中心とした料理の百科事典である1938年の『ラルース・ガストロノミック』初版に、タルタルステーキのレシピが載っている。同書の初版には、フランスの料理や食材以外はほとんど含まれていなかったため、ここに載っているタルタルステーキもともとからフランス料理だという考察が導き出せる。

タルタルステーキの〝トランスフォーム〟

タルタルステーキがモンゴル帝国由来であるという説に戻ろう。ロシアに伝わったタルタルステーキはその後交易に乗り、ロシアから当時ドイツ影響下にあったバルト海沿岸の国々を経由し、16世紀頃に当時港町として栄えていた**ドイツ最大の工業都市ハンブルク**に伝わったようである。ハンブルクでは17~18世紀にかけて、労働者を中心にリーズナブルな挽肉料理としてタルタルステーキが食堂の人気メニューとなったとされる。

さて、ここからタルタルステーキが〝トランスフォーム〟していく。ドイツからさらにヨーロッパの広い地域にこの料理が普及していくと、**馬肉ではなく牛肉が主に用いられるようになった。**

これが第一変態だ。当時のヨーロッパでは、馬は農耕での役畜あるいは交通手段としても重要であり、かつ馬肉の価値も上昇してきたという背景がある。出征で馬を食用とするしかなかったモンゴル帝国の時代と違い、わざわざ馬肉を使う必要がなくなったため、牛肉が使われるようになったというわけだ。そして第二変態として、タルタルステーキを**生肉のまま食すのではなく、焼いて食べるというスタイル**が生まれた。正確にはこの段階ではもうすでにタルタルステーキではないのだが……。「タルタルステーキを焼く」という表現もよく考えれば変で、生食するのではなく焼いて食べる前提ならば、食材や調理の段取りも変わってくるだろう。つまり、タルタルステーキの存在をヒントにして別の食べ物が誕生したと見るのがいいのかもしれない。今時のラーメン業界にあふれる表現を用いれば「タルタルステーキインスパイア系肉料理」とでも言うべきか。

それではタルタルステーキがヨーロッパで焼かれるようになったのは一体いつ頃なのか？　実はこれまた詳細がまったく明らかになっていないままである。逸話をいくつか拾ってくると、17世紀頃にある人が残ったタルタルステーキを焼いてみたらおいしかったとか、18世紀頃ハンブルクのある領主がタルタルステーキをもっとおいしく食べるために焼いてみたとか、18世紀後半〜19世紀初めにかけてフランスやドイツの高級レストランで焼いたものが提供されていたとか。また、使う肉が馬から牛に変化したのと、それを焼くようになったという変化が順を追って起こったことなのか、馬肉を使っていた時代にも焼いていたという事実があったのか、それもやはり明らかにはなっていない。

ドイツから米国・ニューヨークへ

このタルタルステーキを前の形態とした牛挽肉を焼いた料理は、18世紀になるとドイツや、デンマークなどのドイツ近辺のヨーロッパ諸国で現在でも広く親しまれている**「フリカデレ」という家庭料理となった可能性**がある。これは牛肉を挽肉にして、混ぜ物を入れて焼いた料理。地域によって名称や調理法に違いが見られ、発祥含めてこれまた諸説あり謎である。日本のハンバーグやミートボールのようなフォルムとサイズのものが多いものの、ソーセージ状のものもあって、なかなか自由な食べ物。フリカデレはドイツからヨーロッパ中に広まり、ハンブルクから伝わった牛挽肉を固めて焼いた料理ということで**「ハンブルガー・フリカデレ(Hamburger Frikadelle)」**と呼ばれるようになる。

さて、ヨーロッパ最大の港だったドイツのハンブルクか

タルタルステーキ

現在の一般的な仕立てのタルタルステーキ。牛肉もしくは馬肉を叩いて粗くきざみ、塩、コショウ、オリーブオイルなどで調味して、タマネギやケッパーなどの薬味を添えたり混ぜ込んだりする。仕上げに卵黄がトッピングされ、全体が均一になるように混ぜて食べる。

ら、米国の主要な港ニューヨークを結ぶ最初の定期船航路（ハンブルク・アメリカ・ライン）が、ハンブルク＝アメリカニッシェ・パケットファールト＝アクティエン＝ゲゼルシャフト社によって設立されたのは１８４７年。１８５０年代にはドイツの裕福な人々が、１８７０年代になると多くの一般市民もハンブルクから米国に渡るようになり、各地にドイツ人コミュニティが誕生していった。移民たちは、米国にドイツの郷土料理であるフリカデレなどを持ち込み、日常的に食べていた。その中には、ルントシュテュック（丸いものという意味）と呼ばれる直径10～12㎝程度の小さな半球状のパンをハーフにカットして、肉やフリカデレを挟んだ料理もあったという。ドイツ人の運営するレストランも登場し、フリカデレは「ハンブルク風ステーキ」を意味する**「ハンバーガー・ステーキ（Hamburger steak）」もしくは「ハンバーグ・ステーキ（Hamburg steak）」**と呼ばれる人気メニューになっていった。この通称に由来して、この牛挽肉料理を当時の米国の英語表現では単に「ハンバーガー（Hamburger）」と呼ぶこともあったようだ。つまり、この頃の「ハンバーガー」は、パンに挟まれていないハンバーガー・ステーキのことを意味していた。

ジョシュ・オザースキー著『ハンバーガーの世紀』（河出書房新社、２０１０年）によると、当時米国でもっともすばらしいレストランと呼ばれたニューヨークの「デルモニコス」の１８７３年時のメニューには、「ハンバーグ・ステーキ」がオンリストされていたらしい。これが**米国におい**

て確認できる最古のハンバーグ・ステーキが載ったメニューとされ、その価格は「ビーフステーキ」の2倍であったという。デルモニコスのシェフだったチャールズ・ランホーファーが1894年に出版した『The Epicurean: A Complete Treatise of Analytical and Practical Studies on the Culinary Art』という本にもハンバーグ・ステーキが掲載されているという。そのほか、19世紀後半の数々の米国の料理書にもハンバーガー・ステーキやハンバーグ・ステーキは掲載されており、これらが米国で一般的な料理として浸透していたさまがうかがえる。

なお、当時の米国の牛挽肉料理の発展・浸透の流れの中で生まれたものに**「ソールズベリー・ステーキ」**がある。米国の医師・薬剤師であるジェームズ・ソールズベリー博士（1823～1905）が健康増進のため肉類を中心とした食事をとることを提唱し、その考えの下に考案した料理だ。ソールズベリー・ステーキという名前は1897年にはすでにあったと言われている。ハンバーガー・ステーキと似た料理だが、タマネギを混ぜ合わせないことやブラウンソース（またはグレービーソースなどの黒茶色っぽいソース）を使用することなどが違いである。ちなみに、1914年に開戦した第一次世界大戦の際に、敵国となったドイツの都市名に由来する名称を使用するのはいかがなものかという反ドイツ感情から、ハンバーガーやハンバーガー・ステーキ、ハンバーグ・ステーキはリバティ・ステーキあるいはソールズベリー・ステーキの名前が用いられることが多くなったとも言われている。現在の米国ではハンバーガー・ステーキというメニュー表記はあまり見かけられず、日本のハンバーグと似たスタイルの料理がソールズベリー・ステーキとして存在しているが、あまりメジャーなメニューではないらしい。なお、現代の日本で一般的な「ハンバーグ」はこの米国のハンバーガー・ステーキが日本で独自に進化したものだが、その起源も「諸説あり」なので詳しくは触れない。

米国におけるハンバーガーの発祥と発展

「ハンバーガーの発祥論争」について

19世紀後半、おそらく1870年代頃には、米国国内で「ハンバーガー・ステーキ」が大衆向けのドイツ料理のレストランで一般的に提供されるようになり、米国で広まった。かつ、工業発展が進み原料となる挽肉を効率的に生産できる体制が整ってきた（57頁のコラム参照）。一方、工業の発展が目覚ましかった1870年代以降の米国東部〜中部にかけては、フル稼働する工場でせわしなく働く労働者に向けて、**手早く済ませられる食事類を工場の前で売る「ランチ・ワゴン」**が広がり始めていた。今で言うキッチンカーやフードトラックの前段階にあたる、移動式の屋台だ。「ホットドッグ」も同時期にこういった屋台で売られていたことが知られている。**パンに何か**

を挟んで食べやすいスタイルに仕立てた食べ物を屋台で売るというベースがすでにできあがっていたということだろう。このランチ・ワゴンは、東部～中部の大都市の周辺に工場が建設されるに伴い増殖し、のちに全国に広がった。

さて、これらの状況を土台にして、いよいよ本題であるハンバーガーの発祥にたどりつくことになる。ただ、米国内では「われ（わが街）こそ発祥である！」と名乗り出る方々が多く出現するも、どれも決定的な確証がなく今に至るというのが現状である。ハンバーガー・ステーキをパンに挟むという食べ方は、誰かが知らぬ間に、そして同時多発的に行っていたはずだ。しかし、現在のハンバーガーの食べ物としてのあり方を考えると、発祥と言えるのは**「商品を作り、商業としてエントリーをしたタイミング」**、つまりハンバーガーがフードビジネスとして成功する序章になった出来事ということになると思う。それが**19世紀後半以降、米国のどこかで起こった**。そこだけは、数ある文献の間でも意見が分かれていない。そんな「発祥説」は個人が伝承する逸話なども含めるととにかくたくさんあるが、信用度はさておき、このテーマが論じられる際に登場する主だった4つの説＋αを紹介しよう。

セントルイス万国博覧会説

1904年にミズーリ州セントルイスで開催された**セントルイス万国博覧会において、「ハン**

バーガー」が売られていたことを発祥とする説。第一次世界大戦前では最大級の国際博覧会とされるこのイベントでは、ハンバーガー、ホットドッグ、アイスティーなど、現在につながる多くの新しい食べ物が紹介されたり誕生したりして、広く知られるきっかけとなったそうだ。そのことから「米国料理のターニングポイント」とも言われている。博覧会の公式記録では、ハンバーガー・ステーキが丸い形状のパンに挟まれ、「ハンバーガー」という表記の下に販売されていたという。博覧会側の記録があるため、ハンバーガーが提供されていたことはほぼ間違いがなく、**「ハンバーガーの発祥」と紹介されることがもっとも多い説**ではあるが、誰が出展したかを特定する公式な記述はないとされている。また、博覧会で販売されたということは、逆に言うとすでにハンバーガーという食べ物が誕生していた可能性もある。

『ニューヨーク・トリビューン』の記事に、この博覧会に出展しハンバーガーを売っていたのはテキサス州アセンズのフレッチャー・デイヴィス（1864～1940）であり、世界初のハンバーガーが1880年代半ばに作られて1904年にセントルイス万国博覧会にて販売されたと載っていたと主張する米国のジャーナリストもいる。ただこれまた残念ながら、主張元となる記事自体の存在の信憑性が疑問視されている。フレッチャー・デイヴィスが博覧会に出展した時の「販売業者用のパス」は存在しているようだが、ハンバーガーを売っていたかどうかはわからない。

なお、2006年11月にテキサス州共和党のベティ・ブラウン下院議員により、フレッチャー・

デイヴィスが居住しハンバーガーを販売していたとされるテキサス州アセンズを「ハンバーガー発祥の地」と認定する決議案がテキサス州議会に提出された。この案は2007年3月に可決されている。

エリー郡フェア説

1885年にニューヨーク州エリー郡のハンバーグ村で開催された、**エリー郡カウンティ・フェア（地域のお祭りのようなもの）で販売されたのが**

フレッチャー・デイヴィスの肖像

「セントルイス万国博覧会」でフレッチャー・デイヴィスに発行された、販売業者用の写真付きパスの一部。デイヴィスの姪と甥によってウェブサイトに掲載されている。
出典：https://fletcherdavis.weebly.com

80R583 MMS-D

By: Brown of Kaufman　H.C.R. No. 15

CONCURRENT RESOLUTION

WHEREAS, Athens, Texas, boasts a strong claim to being the original home of one of the nation's favorite foods, the hamburger; and

WHEREAS, Although accounts differ as to the origins of this American classic, the staff at McDonald's management training center has traced its beginnings back to the 1904 St. Louis World's Fair, where it was sold by a vendor on the midway; a reporter for the New York *Tribune*, writing about the fair, made note of the new sandwich in an article and commented that it was the vendor's own creation; and

WHEREAS, The vendor, Fletcher Davis, had moved from Missouri to Athens in the 1880s to take a job at the Miller pottery works; Mr. Davis had a flair for preparing food and usually served as chef at his employer's picnics; when the business slowed down in the late 1800s, he opened a lunch counter on the courthouse square, where he sold the sandwich that would become such a staple of the U.S. diet; and

WHEREAS, Although it was served with slices of fresh-baked bread instead of a bun, this early version of the hamburger was then much like it is today and contained ground beef, ground mustard mixed with mayonnaise, a large slice of Bermuda onion, and sliced cucumber pickles; customers could also enjoy fried potatoes, served with a thick tomato sauce; when the journalist from the *Tribune* was told that Mr. Davis had learned to fix potatoes in that manner from a friend in Paris, Texas, he misunderstood and described the item to his readers as french-fried potatoes; and

WHEREAS, According to a nephew of Mr. Davis's, the new sandwich acquired its name during the potter's sojourn in St. Louis; one theory holds that local residents of German descent may have named the sandwich after the city of Hamburg, whose citizens had a special affinity for ground meat; each June, residents of Athens celebrate the hamburger's origins in their community with Uncle Fletch's Burger and Bar-B-Q Cook-Off; and

WHEREAS, A century after the hamburger debuted on the national stage, it has become one of the best-loved foods in America; its economic impact is no less evident than its popularity: the immense volume of the burger business helps to drive the beef and grain industries and supports the employment of a substantial workforce; and

WHEREAS, The connection between Athens, Fletcher Davis, and the famed hamburger of the St. Louis World's Fair has been well documented, and it is fitting that the town's role in the history of that all-American sandwich be appropriately recognized; now, therefore, be it

RESOLVED, That the 80th Legislature of the State of Texas hereby formally designate Athens, Texas, as the Original Home of the Hamburger.

ベティ・ブラウン氏によって提出され、議会で可決された「H.C.R. No.15」

H.C.R.はHouse Concurrent Resolution（下院同時決議）の略称で、下院と上院の両方で可決されたが、大統領に提出されず、法的強制力を持たない決議。テキサス州アセンズを「ハンバーガー発祥の地」と指定する理由や主張が記されている。

最初であるとする説。現在も行われているエリー郡カウンティ・フェアのウェブサイト（https://www.ecfair.org/p/info/about-the-fair/birth-of-the-hamburger）、同地で１９８５年から行われている「バーガーフェスト」のウェブサイト（https://www.hamburgburgerfest.com）、ハンバーグ村のウェブサイト（https://www.villagehamburg.com/burgerfest）などで展開されている論である。ただし、それらの論の元となっている記録や言い伝えの信憑性が担保されていない。

説の詳しい内容は次の通り。**オハイオ州出身のフランクとチャールズのメンチズ兄弟**は、１８８５年のエリー郡カウンティ・フェアにサンドイッチのワゴンを出店していた。しかしフェアの最中、メイン商品で売れ行きがよかった「ポークソーセージ・サンドイッチ」のソーセージを使い果たしてしまった。仕入先のハンバーグ村の精肉店はソーセージを新たに製造し供給することに消極的で、代わりに牛挽肉を使用した何かを使うことを提案した。兄弟はいくつか試作をしたものの、パサパサとして味気なく感じた。そこで彼らは牛挽肉にコーヒー、ブラウンシュガー、そのほかの材料を加えて独特のテイストのパティを作り出し、ケチャップとスライスオニオンをトッピングしたサンドイッチとして販売した。この「ビーフ・サンドイッチ」は評判を呼び、ポークソーセージ・サンドイッチ以上の成功を収めた。彼らはこの商品を、エリー郡フェアが行われていた**ニューヨーク州ハンバーグ村にちなんで「ハンバーガー」と名付けた**という。メンチズ兄弟の子孫は、オリジナルの手書きのハンバーガーレシピを持っているとされ、ハンバーガーの名前の由来を報告した出版物も、同地にある「ヘリテージ&ヒストリーセンター」に存在されているという。

ちなみに、先ほどウェブサイトを紹介したバーガーフェストは、ハンバーグ商工会議所がハンバーガーの誕生100周年を記念して、1985年にエリー郡フェアの会場において初開催したもの。以後毎年恒例の地域最大のイベントの一つとなっているようである。ほか、2006年からはフランク&チャールズ・メンチズの故郷であるオハイオ州アクロンで「ナショナル・ハンバーガー・フェスティバル」が開催されている。なお、エリー郡フェアのウェブサイトでは、1885年のエリー郡フェアが行われていたとされる9月18日を「バーガー誕生の日」としているが、米国内では同じく9月18日が「チーズバーガーの日」とされ、そちらの方が知名度が高いようだ(チーズバーガーの日の由来は不明)。

アウタガミ郡フェア説

1885年にウィスコンシン州シーモアで開催された、**アウタ**

エリー郡フェアが謳う「バーガー誕生の日」

エリー郡フェアのウェブサイトには、「バーガー誕生の日」を案内する画像が掲載されている。右下に見えるのがメンチズ兄弟だ。

ガミ郡フェアで販売されたものがハンバーガーの発祥であるとする説。現在も現地で開催されている、「バーガーフェスト」のウェブサイト（https://www.homeofthehamburger.org/hamburger-charlie）などによると次の通り。15歳のチャーリー・ナグリーンは、シーモアのフェアでミートボールを販売していた。しかし売れ行きが今一つだったため、**ミートボールを平たく成形し、さらにそれをパンの間に挟んだもの**を販売したところ、持ち歩きのしやすさからお客たちに喜ばれたという。シーモアという地は近隣に多くのドイツ人移民が住んでおり、ドイツのハンブルク市にちなんで名付けられた「ハンバーグ・ステーキ」がとてもポピュラーなメニューだったため、その名前にちなんでこの商品を「ハンバーガー」と呼んだという。個人的には、店やワゴンを構えてしっかりと販売をしていたわけではないという点で、ちょっと弱いと感じる説。

1976年にオープンした「シーモア・コミュニティ・ミュージアム」は、かなりのスペースが〝ハンバーガー・チャーリー〟とシーモアのハンバーガーの起源の展示に割かれ、世界最大とも言われるハンバーガー関連アイテムのコレクションを持つ。また、同地では1989年から「バーガーフェスト」が開催されている。なお、2007年にウィスコンシン州議会で可決された決議「Assembly Resolution 31」は、「ウィスコンシン州がハンバーガーの誕生の地であることを宣言するもの」として知られている。ただしこの決議は、ウィスコンシン州内のハンバーガー産業の発展を促進することを目的とした、ある意味ビジネス寄りのもの。ウィスコンシン州がチェダーチーズ、ベーコン、生鮮食品など、ハンバーガーを構成する多くの食材の産地であるとともに、ハンバーガー産業が州の文化的、経済的な重要性を持つことをアピールするものである。

コネチカット州ニューヘイブンの「ルイス・ランチ」説

コネチカット州ニューヘイブンにおいて、1900年に**ルイス・ラッセンがランチ・ワゴンでハンバーガーを販売したのが始まり**という説。ルイス・ラッセンは1895年からランチ・ワゴンスタイルの食堂である「ルイス・ランチ」を経営していた。「急いでいるから走りながらでも食べられるものをくれ」と言うお客のリクエストにより、2枚のトーストでまかない用の牛挽肉を焼いたパティを挟んだものを提供し、これが名物になったと伝えられている。同店はその後ランチ・ワゴンから店舗となり、現在もルイスの曾孫である**ジェフ・ラッセン氏が4代目として営業を続けている**。米国議会図書館は2000年、ルイス・ラッセンが米国初のハンバーガーを提

ハンバーガー・チャーリー像

シーモア・コミュニティ歴史協会が運営するシーモア・コミュニティ・ミュージアムには、ハンバーガーを持った12フィートの大きさのチャーリー像が建立されている。先述のバーガーフェストのウェブサイトより。

供したと公式に記録し、ハンバーガーの生誕地として認めた。

この説に関しては、該当の商品を間違いなく売り出してはいただろうとは思えるが、ルイス・ランチのハンバーガーは四角い食パンを使うものであり、一般的なハンバーガーの認識からは外れる。そのため、ハンバーガー界からすれば、〝原型〟かもしれないがハンバーガー自体の誕生ではないと言いたくなるところ。

そのほかの説

オスカー・ウェーバー・ビルビーは、ハンバーガーよりも「ルートビア」というキーワードで有名かもし

米国議会図書館のウェブサイト

米国議会図書館が運営するウェブサイト「コミュニティ・ルーツ」。ここではルイス・ランチが「米国史上初のハンバーガーと初のステーキサンドイッチの本場」と認められている。
https://memory.loc.gov/diglib/legacies/loc.afc.afc-legacies.200002814

The Library of Congress
The American Folklife Center
Local Legacies
Celebrating Community Roots
Home >> CONNECTICUT

Louis' Lunch

This New Haven sandwich shop is the home of the first hamburger and first steak sandwich in U.S. history. The two sandwiches were first served 100 years ago at Louis' Lunch, which opened in 1895 and has been passed through the Lassen family for four generations. Hamburgers are served only on white toast, with a choice of onion, tomato or cheese, but no condiments. Ken Lassen, age 82, is a third generation owner.

Project documentation includes a history of this New Haven institution, magazine and newspaper articles, historic photographs, and a personal reminiscence penned in his own hand by Kenneth Lassen for the Local Legacies project.

Louis' Lunch Wagon, 1907-1916

Originally submitted by: Rosa L. DeLauro, Representative (3rd District).

More Local Legacies...

- Additional Connecticut Local Legacies
- Local Legacies for all U.S. States

The Local Legacies project provides a "snapshot" of American Culture as it was expressed in spring of 2000. Consequently, it is not being updated with new or revised information with the exception of "Related Website" links.

Learn More About It...

- Related Web Site

MODS METS

Home >> CONNECTICUT
The Library of Congress
The American Folklife Center
Contact Us

ルイス・ランチのハンバーガー

ルイス・ランチで提供されるハンバーガー。ウェブサイトでは、「肉本来の味を味わっていただきたいので、白いトーストにのせてチーズ、タマネギ、トマトのみを添えて提供する」と紹介されている。同店のInstagram投稿より。
https://www.instagram.com/louislunch_ct

れない。ただ、彼の子孫たちは、1891年にオクラホマ州タルサのすぐ西にある**オスカーの農場で、彼がハンバーガーを発明した**と主張している。家族の中で受け継がれてきたとされる話はこうだ。「オスカー・ウェーバー・ビルビーは1891年7月4日に、挽いたアンガス牛の肉を丸い形にしたものを妻の焼いた自家製パンにのせ、自家製のルートビアと一緒に家族や友人にふるまった」。1995年、オクラホマ州のフランク・キーティング知事は、「ハンバーガーは1891年にタルサで発明され、それから13年後にセントルイス万国博覧会で再販するためにコピーされた」と宣言している。オクラホマ州知事の公式な宣言はあるものの、家族の中での伝承であることと、発祥とされる年に店舗で販売していたわけではないことから、信憑性が弱い説とされている。なお、のちにオスカーの息子のレオがオクラホマ州タルサに開いた「ウェーバーズ・スーペリア・ルートビア・スタンド」というルートビア&ハンバーガースタンドは、今も彼の子孫によって運営されている。

最後にもう一つ。1901〜1902年頃にアイオワ州クラリンダで、小さなカフェを経営していたバート・W・ゲイリーは、**ドイツ人の肉屋にすすめられて作った挽肉のサンドイッチ**を販売したところ大ヒットしたという。その商品を、肉屋の出身地ハンブルクにちなんでハンバーガーと呼んだという説がある。

これまでの説をざっと総括すると、ハンバーガーの最初の姿らしきものが誕生するのが1880

〜1900年あたり。ただ、1850年代以降にドイツから米国へフリカデレが伝わり、それが遅くとも1870年代までにはハンバーガー・ステーキとして親しまれるようになってから、どの説も時間が経ちすぎている気がしなくもない。これらの説の前に、ハンバーガー・ステーキをパンに挟んで売った人は本当にいなかったのか……。まあ、正直なところ誰が最初にハンバーガーを考案したかという真実より、**ハンバーガーの発祥と認められることによる経済効果が大切なのだろう。**というわけで、現時点でハンバーガーの発祥について確実なことはわかっていない。

ハンバーガー発祥説の時系列一覧

1885年	エリー郡フェア説 アウタガミ郡フェア説
1891年	オスカー・ウェーバー・ビルビー説
1900年	「ルイス・ランチ」説
1901〜2年	バート・W・ゲイリー説
1904年	セントルイス万国博覧会説（フレッチャー・デイヴィス説）

Column

挽肉を大量生産できるようになった経緯

もともとフリカデレやのちのハンバーガー・ステーキなどの挽肉料理用の挽肉を作るには、原料となる肉を塊肉の段階から人の手で細かくきざむ必要があった。それゆえ、製造できる量には限りがあった。それを一変させたのは、1840年代にドイツの発明家カール・フォン・ドライス（1785〜1851）によって発明されたとされる手動の「肉挽き器」の存在である。これが実用化されて広まり、挽肉の製造効率が飛躍的に上がり、挽肉料理が普及するきっかけとなったと言われている。1876年に米国独立100周年記念としてペンシルベニア州で開催されたフィラデルフィア万国博覧会でこの肉挽き器が紹介されたのも、ハンバーガー・ステーキが普及していく一つのきっかけとなったようだ。

なお、ハンバーガーが現在のように一大産業として成立するバックグラウンドにも、工業的に挽肉の大量生産ができる「肉挽き機」の開発がある。クラレンス・チャールズ・ホバートがオハイオ州で創業したホバート・エレクトリック・マニュファクチャリング・カンパニー（現：ホバート・コーポレーション）が、1900年に動力付きの肉挽き機を開発した。このことを一つの背景として、ハンバーガーは家庭料理としてではなく、大量生産される工業的な面を持つ食べ物として発展していくわけである。

現代の手動の
肉挽き器のイメージ

現在のホバート・コーポレーションの肉挽き機

工場にて挽肉が
生産される様子

米国のハンバーガービジネス

チェーンストアビジネスの発生

さて、ハンバーガーの誕生には諸説あり、結局のところ一つの説に決める確証がいまだないのは前述した通りであるが、流れだけを見ると、とりあえず20世紀初頭には、誕生したばかりの「ハンバーガー」と呼ばれるものが米国各地で食べられるようになっていた。その後に起こることは何か？　そう、**チェーンストアビジネスの発生**である。

当時の米国には個人オーナーが運営するハンバーガーのランチ・ワゴンや店舗はたくさんあったはずだが、ここでは、ものすごく大きなスケールのファストフードチェーンストアビジネスにまで発展した話をしよう。筆者が飲食業界入門時に読んで学んだ井上恵次著『レストラン用語辞典』（商業界、１９８６年）では、**チェーンストアと呼べる規模を11店舗以上**としている。この数は少ないように見えるが、しっかりとしたコンセプトと経営手腕がないと達成できない店数だ。ちなみに「ファストフード」は注文してから短時間で調理、あるいは提供される、手軽な食品や食事のこと。この用語は１９５１年、米国最古の辞書出版社であるメリアム＝ウェブスター社が辞書に掲載したことがもっとも古い公式の記録とされている。

動力付きの肉挽き機が開発されて挽肉を大量生産できる体制が整い、かつハンバーガーの料理としての知名度も上がった。目覚ましい工業の発展により、せわしなく働き、食事に時間を割けない人々が増えた。自動車社会が到来し、車中で食べられる手軽な食事の需要が増えた。そういった社会背景から、ハンバーガーは**当時の人々の生活や需要にマッチし、ファストフード業態のチェーンの中でもとくに象徴的なメニューとなった**のだろうと予想する。つまり、ファストフードのハンバーガー店のチェーン展開という点において、提供側と消費者側のメリットが一致し、双方に利益があったということだ。提供側にとっては、米国国内で牛肉という食材の調達がしやすかったこと、大量生産できる食べ物なのでコストが抑制でき比較的安価に商品を提供できるビジネスモデルであったこと、オペ

『レストラン用語事典』
（商業界、1986年）

筆者がベッカーズ株式会社入社時から愛読しているもの。

レーションの効率化と標準化がしやすくブレのないクオリティの商品を迅速に提供できることが強みだった。そして消費者側にとっては、短い待ち時間でどの店でも同じ味で手頃な価格のハンバーガーを手に入れられ、ドライブしながらでも肉料理を片手で手軽に食べることができるという点がメリットだった。

「ホワイト・キャッスル」の誕生

さて、具体的なハンバーガーチェーン店の登場について見ていこう。カンザス州ウィチタで1916年にハンバーガースタンドを立ち上げたウォルター・A・アンダーソン（1880〜1963）は、投資家であるエドガー・ウォルドー・〝ビリー〟・イングラム（1880〜1966）と出会い、1921年に**世界初となるハンバーガーチェーン「ホワイト・キャッスル」**を創業した。世界初のハンバーガーチェーンというだけでなく、ハンバーガーという食べ物の〝リ・ブランディング〟を行ったのが、ホワイト・キャッスルである。

当時の米国では、作家のアプトン・シンクレアが1906年に小説『ジャングル』で、食肉供給業者の労働環境の劣悪さ、食肉加工プロセスの不衛生さを訴えて以来、敏感な消費者は挽肉や肉製品の品質や安全性に疑念を抱くことがあった。この小説をきっかけとして世論が高まり、国は純正食品医薬品法と食肉検査法を制定し、食品の安全性と品質に関する規制を強化したほどである。また、食肉供給業者の現場だけでなく、ハンバーガースタンド類は不衛生な店舗環境が当たり前で、コスト削減のためパティに悪質な混ぜ物をしてかさましする店も見受けられたといい、**商品自体がよくないイメージを持たれることも多かった**。

そういった、食肉やハンバーガーに対する懸念を払拭し、ハンバーガーという食べ物のイメージを変えたのがホワイト・キャッスルだった。当時のことを綴ったイングラム著の『All This from a 5-cent Hamburger! The Story of the White Castle System』(Newcomen Society, 1964年)には、店名であるホワイト・キャッスルのホワイトは純粋と清潔、キャッスルは力と永続性と安定を意味すると記されている。真っ白なお城のようなファサードと店舗デザイン、清潔に掃除された店内、衛生的なユニフォームを着たスタッフ、いつでもどこでも同じクオリティのハンバーガーがたったの5セントで……。このスタイルで、それまでの**衛生問題とイメージを払拭し、ハンバーガーという食べ物に対する国民の信頼を新たに勝ち得た**と言える。ホワイト・キャッスルは現在へと続くハンバーガーチェーンストアビジネスの礎を築くと同時に、ハンバーガーという食文化の価値を高め産業化まで導いた偉大なパイオニアであった。もちろんマーケティング上の戦略も大きいが、人気が高まり創業から10年後の1931年には、131店舗にも達したという。

ホワイト・キャッスルは、**「どこの店でも同じクオリティの同じハンバーガーが食べられる」**という、今の人々は生まれた時から当たり前のように享受しているシステムの礎を築いたと言ってもよいだろう。バンズ、ミートパティなど各パーツの製造工場、物流のデポ（小型の物流拠点）などのインフラを自社のシステムで整え食材などの安定供給をし、店舗ではトレーニングを受けたスタッフの標準化されたオペレーションで商品のクオリティのスタンダードを維持する。初登場として歴史に名を残しながら、商品提供プロセスの革命をも成し遂げたのである。**ホワイト・キャッスルのビジネスモデルをオマージュ**し、１９２０年代の後半以降には、数々のハンバーガーチェーン店が登場することになる。

　ホワイト・キャッスルと言えば**「スライダー」と呼ばれる約5㎝四方の小さなサイズのハンバーガー**が特徴だが、こ

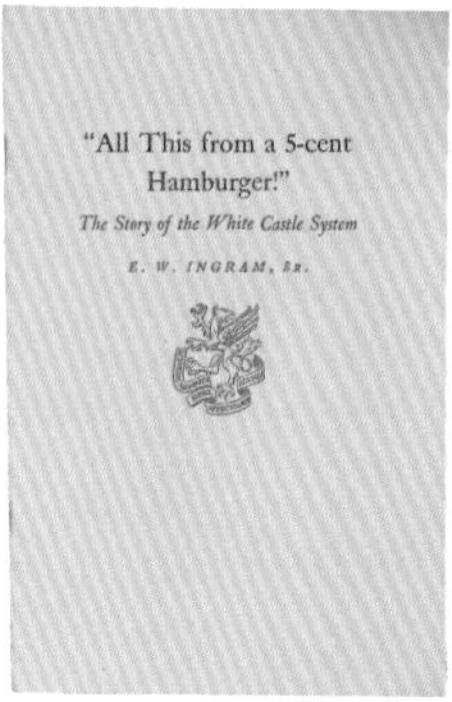

『All This from a 5-cent Hamburger ! The Story of the White Castle System』

エドガー・ウォルドー・"ビリー"・イングラムの著作。タイトルを日本語に訳すと「すべては5セントのハンバーガーから！　ホワイトキャッスル方式の物語」。

写真：jetcityimage/123RF.COM

ホワイト・キャッスルの店舗

2020年に撮影された米国・グリーンフィールドの店舗。「白い城」を感じさせる色使いとデザインに、店のコンセプトが込められている。

れを導入した理由として、「（パティを焼く時に）グリドル（鉄板）の端から端まで一分の隙もなく無駄なく使えるように正方形にした」という、何だか儲けを追求する大阪商人のような逸話がある。実際のところは、一般的なハンバーガーよりも小さなサイズの正方形のスライダーは調理のオペレーションがしやすく、効率的に大量生産が可能だったため、**ターゲットとしていた労働者階級（ハンバーガーをよく食べていた層）が手軽に食べられる価格**で提供できる見込みがあったからということであろう。また一口目から熱々のパティが存分に口に入るサイズは、ホワイト・キャッスルがこだわった**「焼きたてでの提供」**という思いが顧客に伝わりやすかっ

スライダー

ホワイト・キャッスルの商品の一つ、「クラシックチーズスライダー」。ミートパティにタマネギのグリルとチーズを挟んだ、昔ながらのクラシックなスタイルだ。現在はこのような冷凍商品も売られており、自宅で手軽に温めて楽しめる。

たのではないかとも思う。ビジネスへの貪欲さと、顧客のメリットが見事に合致して成功した例である。

スライダーとは？

さて、スライダーとは何ぞや、という話である。ホワイト・キャッスルが当時一つ5セントで販売していた約5cm四方の四角い形をした小さなハンバーガーは「スライダー」と呼ばれ、のちに商品名となった。四角いバンズはハンバーガーではないとか、まあいろいろな意見もあるが、トップが通常のバンズのように半球形になっているし、そこまで目くじらを立てなくともいいと思う。スライダーは今ではホワイト・キャッスルの商品名としての意味を超え、**「ミニサイズのハンバーガー」**という拡大解釈されたニュアンスの一般名詞としても用いられている。

スライダーと呼ばれるようになった由来については、ホワイト・キャッスルの社内にも二つの違った逸話があるという。一つは、とても小さなハンバーガーなので喉から滑り落ちるように食べることができたという話。もう一つは、創業当時はハンバーガーののった皿をカウンター上でシューッとスライドさせて提供していたという話。また、それ以外にもいくつか説があって、グリドル上で焼成が完了したミートパティをバンズの上にのせる前に、保温ゾーンにスライドして移動させ、しばし置いていたからというものもある。さらには海軍で使われていたスラングであった、という説もある。毎度だが語源というのは結局のところ後付けであることが多いので、いろいろな説があってもありなん、である。なお、ホワイトキャッスルは1993〜2009年の間、スペルは違うものの**「Slyder」を商標登録して使用**していた。

チェーン店とドライブスルーの発展

1921年のホワイト・キャッスル登場後、ブームに乗るかのようにファストフードハンバーガーチェーンが続々と創業された。さらに、1930年代には、すでに米国中の

Column

スライダーの利点

単純に「ミニサイズのハンバーガー」という意味でのスライダーというメニューの利点はいくつかある。すでにメニューに取り入れているハンバーガー店やレストランもあるが、導入メリットは以下のようなものが挙げられる。なお、英語で「スライダー・フード」と言うと、炭水化物が中心で栄養価のない食料品を意味する場合があるので混同しないよう注意が必要だ。

- ☑ 小ポーションなので複数食べやすく、違った味のバリエーションが楽しめる
- ☑ 小ポーションなので、ダイエットや食事制限をしている人も食事に取り入れやすい
- ☑ パーティーのフィンガーフードとして扱いやすい
- ☑ ハンバーガー以外のレストランでも、小さくポップなアミューズとしてコースやメニューに取り入れやすい
- ☑ ハンバーガーは単体で食べる前提だが、スライダーだといくつかを組み合わせて食べてもらうという新しいプレゼンテーションができる

ロードサイドのドライブインやコーヒーショップなどのメニューにハンバーガーが載っていたという。**米国の主要ハンバーガーチェーンの創業**については、68頁の表にまとめたので参考にしてほしい。前述の『ハンバーガーの世紀』によると、米国のハンバーガー業界は第二次世界大戦後に全盛期を迎えたという。さまざまな特徴を持つハンバーガーチェーンが誕生し、**ハンバーガーは米国を象徴する食べ物**となった。

ちなみに、現在のハンバーガーにはトマト、レタス、タマネギなどの野菜類が挟まれるのが定番だが、ハンバーガー関連の書籍のイラストを見ると、野菜類が挟まれているのは１９２０年代以降のハンバーガーが多い。もともとはパンと肉のみという形が多かったハンバーガーだが、どこかのタイミングで野菜が挟まれるようになり、それが一般的になったのだろう。現代のファストフードハンバーガーにデフォルトで挟まれているピクルスのスライスもしかり。ピクルスは肉の油脂分や味の濃いソースに対して酸味とさわやかな香り、小気味よい食感のアクセントを与えるので、定番のパーツになったと予想する。また、ミートパティの大元となった料理のハンバーガー・ステーキにはタマネギが混ぜ込まれていることが多かったが、現在のハンバーガーのパティはタマネギが混ぜ込まれず、牛肉のみで構成されている。これらのトランスフォームが起こったタイミングと経緯は、**筆者の今後の調査課題**である。

「ドライブスルー」という方式も米国で開発されたもので、１９３０年前後、銀行の店舗に設置されたのが始まり（どこの銀行かというのは、例によって諸説ある）。1931年には、ドライブインレストランだった「カービーズ・ピッグ・スタンド」のカリフォルニアの支店が、飲食店で初めてドライブスルーサービスを取り入れたと言われている。そして1947年、ミズーリ州スプリングフィールドに最初のドライブスルーレストラン「レッズ・ジャイアント・ハンブルク」が誕生。その1年後には**「In-N-Out《インネンナウト》バーガー」もドライブスルーを取り入れ、これがハンバーガーチェーン店では最初の導入**とされている。ドライブスルーと言えば、の「マクドナルド」の参入は実はけっこう後で、1975年にアリゾナ州シエラビスタの軍事施設である「フォート・ファチュカ」の近隣店舗で初導入された。当時の軍人は軍服を着たまま車を離れることを許されなかったのがきっかけである。

「マクドナルド」の功績と大躍進

ハンバーガーチェーンが続々と生まれる中、1940年、モーリス（1902〜1971。通称マック）とリチャード（1909〜1998。通称ディック）のマクドナルド兄弟が、カリフォルニア州サンバーナーディーノに「McDonald's《マクドナルズ》 Bar-B-Que《バーベキュー》」を創業した。現在の**「マクドナルド」の前身となる、カーホップサービスのバーベキューレストラン**である。この店は大繁盛したが、売り上げの大部分がハンバーガーを中心とするメニューであったことから、仕込みに時間のか

店名	英文表記	創業年	創業地	創業者
ジャック・イン・ザ・ボックス	Jack in the Box	1951年	カリフォルニア州サンディエゴ	ロバート・オスカー・ピーターソン
バーガーキング	Burger King	1953年	フロリダ州ジャクソンビル	キース・J・クレイマー マシュー・バーンズ
ソニック・ドライブイン	Sonic Drive-In	1953年	オクラホマ州ショーニー	トロイ・スミス
バーガー・シェフ	Burger Chef	1954年	インディアナ州インディアナポリス	フランク・トーマス ドナルド・トーマス
ハーディーズ	Hardee's	1960年	ノースカロライナ州ロッキー・マウント	ウィルバー・ハーディー
ウェンディーズ	Wendy's	1969年	オハイオ州コロンバス	デイブ・トーマス
チェッカーズ/ラリーズ	Checkers	1986年（チェッカーとして） 1999年（チェッカーズとラリーズの合併）	アラバマ州モービル	ジム・マッテイ
	Rally's	1985年（ラリーズとして） 1999年（チェッカーズとラリーズの合併）	ケンタッキー州ルイビル	ジム・パターソン
ファイブ・ガイズ	Five Guy's	1986年	バージニア州アーリントン	ジェリー・マレル ジャニー・マレル
シェイクシャック	Shake Shack	2004年	ニューヨーク州マンハッタン	ダニー・マイヤー
スマッシュバーガー	Smashburger	2007年	コロラド州デンバー	リック・シャーデン トム・ライアン

米国の主要ハンバーガーチェーン店の創業年一覧

店名	英文表記	創業年	創業地	創業者
ホワイト・キャッスル	White Castle	1921年	カンザス州ウィチタ	エドガー・ウォルドー・"ビリー"・イングラム ウォルター・A・アンダーソン
A&Wレストラン	A&W Restaurants	1923年	カリフォルニア州ロディ	ロイ・W・アレン フランク・ライト
ホワイト・タワー・ハンバーガーズ	White Tower Hamburgers	1926年	ウィスコンシン州ミルウォーキー	ジョン・E・サックス トーマス・E・サックス
リトル・タバーン	Little Tavern	1927年	ケンタッキー州ルイビル	ハリー・F・ダンカン
クリスタル	Krystal	1932年	テネシー州チャタヌーガ	ロディ・ダベンポート・ジュニア J・グレン・シェリル
ウインピー・グリルズ	Wimpy Grills	1934年	インディアナ州ブルーミントン	エドワード・ゴールド
ボブズ・パントリー	Bob's Pantry	1936年	カリフォルニア州グレンデール	ボブ・ウィアン
ロイヤル・キャッスル	Royal Castle	1938年	フロリダ州マイアミ	ウィリアム・シンガー
マクドナルド	McDonald's	1940年	カリフォルニア州サンバーナーディーノ	リチャード・マクドナルド モーリス・マクドナルド
カールス・ジュニア	Carl's Jr.	1941年	カリフォルニア州アナハイム	カール・ケルヒャー マーガレット・ケルヒャー
トミーズ	Original Tommy's	1946年	カリフォルニア州ロサンゼルス	トーマス・ジェームズ・"トミー"・クーラックス
ファットバーガー	Fatburger	1947年	カリフォルニア州ロサンゼルス	ロヴィー・ヤンシー
インネンナウトバーガー	In-N-Out Burger	1948年	カリフォルニア州ボールドウィンパーク	エスター・スナイダー ハリー・スナイダー
ワタバーガー	Whataburger	1950年	テキサス州コーパス・クリスティ	ハーモン・ドブソン ポール・バートン

かるバーベキュー系のメニューを中止し、ハンバーガーに特化していくことになる。そしてさらに「効率的に売る」ことを考え、カーホップでの提供方式を変更し、顧客が自分でレジまで行ってオーダーし受け取る、**セルフサービスのスタイル**にした。ちなみにカーホップとは、顧客が車内から注文し、駐車場に駐車したままで食事をする形態のドライブインのレストランにおいて、顧客の車にかけつけて車外から注文を受け、車まで料理を提供するサービスを担当する従業員を指す用語である。カーホップによるサービスは1950~1960年代に米国で最盛期を迎えたドライブイン文化の一環として発展した。現代でも一部の地域やレストランでこのサービスが提供されていて、レトロな雰囲気やノスタルジアを楽しむための選択肢として存在している。

さて、1948年、マクドナルド兄弟は**「スピーディー・サービス・システム」という革新的、合理的、効率的なオペレーションシステム**を導入し、店名を「マクドナルド」(英語だとMcDonald's)に変更し、新たなスタートを切った。このスピーディー・サービス・システムはヘンリー・フォードが自動車の分野で導入したライン生産方式、つまり大量生産をめざした流れ作業にヒントを得てマクドナルド兄弟が独自に開発したシステムで、「顧客の注文から調理、商品の提供までのプロセスを大幅に合理化し、効率的かつ迅速なサービスを提供すること」をコンセプトとした商品提供システムである。マクドナルド兄弟がこのシステムによってめざし、実現しようとしたことは、以下のような事柄だ。

限定メニューと作業の標準化…限定メニュー（メニューの品目を絞り最小限の構成にすること）を、標準化*されたプロセスで提供。これによって品質の維持とスピードの向上を実現する。カトラリー類や食器類はワンウェイの使い捨てに変更。

＊業界によって多様な意味を持つが、飲食業界においては、「作業プロセス、品質のスタンダードなどが記載されたオペレーションマニュアルを順守することによって、スタッフの誰もが均一の品質の商品を提供できるように業務を統一すること」を意味する。とくにチェーン店において、ブランドの統一性を保つために重要なもの

分業と効率化…各ポジションでの作業の工程を分業化し、スタッフに対する作業割り当てを明確化する。これによってスタッフが特定のタスクに集中できるようになり、調理や注文処理、提供のスピードが向上する。

写真：Thomas Hawk

当時のマクドナルドのメニュー表

スピーディー・サービスを謳い、限定した少ないメニュー数で営業を行っていた。商品に描かれているのは「スピーディー」という名前のキャラクター。

☑ **技術革新**…キッチン内の作業を効率化するために、新しい機器や技術を積極的に導入する。

☑ **トレーニング**…スタッフには目的ごとのトレーニングプログラムを受けてもらい、システムの標準化を習得させる。

スピーディー・サービス・システムの導入によってオペレーションが飛躍的にスムーズになり、**マクドナルド兄弟のめざす〝圧倒的なスピード感〟**が実現できた。このエポックメイキングな革命は、マクドナルドのみならずファストフードハンバーガー全般、ひいてはファストフードという業態を利用するすべての顧客たちに、「時間」という利益をもたらし続けることになる。ホワイト・キャッスルが生み出したファストフードハンバーガーチェーンという業態の立ち上がりからすでに25年あまりが経過しているが、いずれも自分たちの望むことと顧客のメリットを両立させる姿勢が成功の根底にあることは間違いない。

その後1952年、マクドナルド兄弟は初のフランチャイズ店の出店を計画する。その際に、ブランドの視認性と識別性が高く、顧客に対して強い印象を与える外観イメージを模索し、最終的に建築家のスタンリー・クラーク・メストンに依頼。メストンが提案した「赤と白」を基調にしたデザインに、**「ゴールデンアーチ」と呼ばれる2本の黄色の大きなアーチ**を外装に施すという案に決まった。マクドナルド兄弟はそれ以降の新店舗にもこのデザインを使用することにし、その後に、ゴールデンアーチはロゴとなって現在まで残ることになる。つまりマクドナルドの現在のロゴは、マクドナルドのMを模したものではなく、店舗外装デザインの2本のアーチを表したものなのだ。

厨房機器メーカー、プリンス・キャッスル社でミルクシェイク・マルチミキサーのセールスマンをしていたレイモンド・アルバート・クロック（1902〜1984。通称レイ・クロック）が、すでに10店舗を超えていたマクドナルド兄弟のチェーン店が大繁盛する様子を見て、将来もっと大成功するであろう未来を見透かしたのは、1954年のことである。クロックは「マク

マクドナルドの店舗

米国・カリフォルニアのダウニーにある、現存する世界でもっとも古いマクドナルドの店舗（開店は3番目だが、前の2店は閉店）。両端にゴールデンアーチが施されている。

写真：guteksk7 - stock.adobe.com

マクドナルドのロゴ

マクドナルドは創業から現在までロゴ変更を重ねているが、現在のゴールデンアーチのみのごくシンプルなロゴは2006年から。

左写真：Sampajano-Anizza - stock.adobe.com
右写真：J_News_photo - stock.adobe.com

ドナルドをフランチャイズ化する代理人」になる契約を兄弟と結び、１９５５年４月にイリノイ州デスプレーンズに自身が手がける最初の店舗を出店した。これが、全米のみならずグローバルに展開し、**世界最大のファストフードチェーンとなったマクドナルドの第二の始まり**であった。

クロックによるフランチャイズ展開により、マクドナルドは１９５９年末には１００店舗を超えていたが、自分たちの店のスタイルに強くこだわり大スケールの多店舗化を望まないマクドナルド兄弟の経営方針とすれ違いが見られるようになってきた。協議の結果クロックは、**１９６１年にマクドナルド兄弟から２７０万ドルで「マクドナルド」を買収**した（なお兄弟が最

レイモンド・アルバート・クロックの肖像

ジャズピアニスト、不動産セールスマン、マルチミキサーの販売代理店などさまざまな職を経て、マクドナルドの“第二の創業者”に。1955～1968年までマクドナルドの社長、1968～1977年まで取締役会長、1977年から亡くなるまで上級会長を務める。

写真：Bachrach/Getty Images

『ファウンダー　ハンバーガー帝国のヒミツ』

2016年製作／115分／G／アメリカ
原題：The Founder
配給：KADOKAWA
劇場公開日：2017年7月29日

初に開いた店は、兄弟の下に残った)。クロックはマクドナルドの創業者を名乗り伝説の人物となるが、ここでは詳しく語らないので興味があれば彼にまつわる書籍や映画『ファウンダー ハンバーガー帝国のヒミツ』(2016年)をご鑑賞いただきたい。ちなみに筆者の印象に残ったシーンは、マクドナルド兄弟がスピーディー・サービス・システムのコンセプトを開発する場面。テニスコートにキッチンのレイアウトを実物大で書き込み、各ポジションでの作業と導線を確認するシミュレーションを繰り返したエピソードが、何よりもマクドナルド兄弟の情熱を物語っていると思う。

2022年末の時点で、マクドナルドは**100以上の国に直営店およびフランチャイズ店を含めて約4万店舗**以上を展開しており、今後も出店を加速する見込み。世界中のマクドナルドのある国々の通貨の相対的な価値を比較する経済指標として「ビッグマック」の価格を用いたビッグマック指数*という概念もよく知られるところで、マクドナルド兄弟の小さなレストランは、名実ともに世界最大のファストフードチェーンになったのだ。

*イギリスの経済専門誌『エコノミスト』によって1986年9月以後発表されている経済指標。各国のマクドナルドで販売されているビッグマック1個の価格を米国と比較することで、それぞれの外国為替レートや物価水準を指標化して、2通貨間の購買力を比較するために用いる。この指標のベースには、ビッグマックは全世界で同一レシピのものが販売されているとの想定があるが、実際には各国で多少異なり、状況によっても変わるので、参考程度と考えるのがよい。同誌はビッグマック指数のほかにスターバックスの「トール・ラテ指数」も発表している

スマッシュ製法って聞いたことある？

近年よく耳にするハンバーガー関連のキーワードで、「スマッシュ製法」というものがある。これはミートパティを焼成する時の調理技法であり、第4章で詳しく説明するが、米国のハンバーガーチェーンにも関わる話なので概要を簡単にここで記しておく。

日本のハンバーガー店では、事前に円盤状に成型されたミートパティを仕入れる、もしくは店舗で事前に挽肉を円盤状に成型してミートパティを形作ってから焼くのが一般的である。一方、挽肉を事前に円盤状に成型せず、オーダーを受けてから団子状もしくはスクープで定量に計量された挽肉を冷蔵庫から取り出し、**グリドルにそのままのせて押しつぶして焼成する技法**がスマッシュ製法だ。

米国では古くからある技法である。2022年公開の米国のサスペンス・コメディ映画『ザ・メニュー』では、ハンバーガーという食べ物がストーリーのキーとなる使われ方

スマッシュ製法

挽肉を押しつけて焼くことによりパリッとした食感と香ばしさを表現しやすく、焼成時間を格段に短縮できるのがメリット。

をしていたが、そのハンバーガーで用いられていたのもスマッシュ製法であった。

スマッシュ製法の起源は、50年以上前のケンタッキー州アシュランドにさかのぼるとされることが多い。それは、ソフトクリーム・アイスクリームチェーンの「デイリークイーン」のフランチャイズオーナーであった、ビル・カルバートソンが独自に立ち上げた「デイリー・チア」というファストフード店でのこと。スタッフの1人がグリドルでミートパティを焼いていた時に、（経緯はともかく）豆の缶詰の底の部分を使ってミートボールをプレスすると、**ちょうどよいサイズになるとともに具合よくメイラード反応が起きてよい風味**に仕上がる、ということを発見したという。

ただし、こちらも諸説ありで、五大湖周辺で営業していたという「プレスド・チャック・バーガー」というハンバーガー店でも古くからこの製法が用いられ、こちらを起点として広まったという見方が有力と伝えられていたり、米国中西部などで伝統的に用いられてきた方法であると言われていたり。勝手な想像ではあるがどこの店であっても、営業終了後のまかない作りなどで、遊び半分でやってみたら意外と上手くいった！　という感じだろうか。缶の底のサイズが肉をつぶし広げる大きさの目安になりそうとか、缶に中身が入っていたとすればその重さがちょうどいいアシストになるのではとか考えて、ちょっとニヤリとしてしまう。

この製法が広く知られるようになったのは、その名をブランド名に冠した**「スマッシュバーガー」というハンバーガーチェーンの台頭**によるところが大きい。スマッシュバーガーの積極的なプロモーションの成果で、このスタイルのハンバーガーがスマッシュ・スタイルとして認知されるようになったと言われている。スマッシュバーガーは、リック・シャーデンとトム・ライアンによって２００７年にコロラド州デンバーで設立されたファストカジュアル業態のハンバーガーレストランチェーンである。２０２３年の時点で、米国とカナダを中心に約２５０店舗を展開する。また、世界に４００店舗以上を持つ、同じくファストカジュアルのハンバーガーレストラン、**「シェイクシャック」の影響力**があったことも間違いない。こちらもスマッシュ製法を採用する大規模チェーンである。ちなみにこれらが謳う「ファストカジュアル」という業態は、

写真：JHVEPhoto - stock.adobe.com

スマッシュバーガー

2007年に米国・コロラド州で創業。特注の鍛造による「バーガースマッシャー」でアンガスビーフを使ったパティを焼き上げるスタイル。店のロゴにはバーガースマッシャーが描かれている。日本には未上陸だが、現在世界7ヵ国に約250店舗を持つ。

シェイク シャック

2004年、米国・ニューヨークで設立された、スマッシュ製法を取り入れるハンバーガーチェーン。日本にも2015年に上陸し、2023年現在は東京、神奈川、静岡、京都、大阪に13店舗を展開する。

ファストフード店とレストランの中間に位置するカテゴリー。ファストフードよりは高単価で高品質の食事を提供し、しかしレストランよりはサービスが軽減されたスタイルで、リラックスした雰囲気と料理体験を提供する。ざっくり言うと「レストランのクオリティをセルフサービスで」という具合だ。忙しい生活スタイルの人々が高品質な食事を手軽に楽しむための選択肢として、広く受け入れられている。

chapter

3

日本におけるハンバーガー

ハンバーガー、日本上陸

いつ日本に伝わったか？

ハンバーガーという米国の食文化が、日本にいつどうやって上陸したか？　という事実については、**これまた特定するのが困難である**。しかし前章で述べたように、遅くとも1900年代初頭までには、米国国内のどこかで「ハンバーガー」という食べ物が生まれてはいる。1900年代初頭は、日本で言えば明治時代後期にあたり、1890年代から第二次世界大戦前までの期間には、少なくとも10万人以上の日本人が米国に渡ったという推定もあるので、どこかのタイミングでハンバーガーという食文化を体験し、それを日本に持ち帰って伝えた人はいるかもしれない。しかし考え方としては、米国でのハンバーガーの発祥と同じように、**ハンバーガーがビジネスとして成立する大元になった出来事**を「日本上陸」とみなすべきであろう、というのが筆者の考えである。

ハンバーガー界の定説としては、日本にハンバーガーが上陸したのは、**第二次世界大戦後の1950年前後**とされている。これには第二次世界大戦後に日本に置かれた連合国軍最高司令官総司令部（いわゆるGHQ）の存在が大きく関わっている。GHQは日本の非軍事化・民主化を目的に1945〜1952年に日本に置かれた連合国軍の機関であるが、実質は米軍単独の日本占領機関。その米軍指揮下にあった東京都福生市の空軍横田基地、神奈川県横須賀市の海軍横須賀基地、長崎県佐世保市の海軍佐世保基地、沖縄県の米軍基地群などに駐留した米軍兵たちとの交流を通して、**周辺の町にさまざまな米国文化が伝えられた**とされている。ハンバーガーが最初に伝来したとされる場所は諸説あるが、中でも長崎県佐世保市では、米軍兵などからレシピを伝えられたとする個人店が活況を呈し、現在まで「佐世保バーガー」というご当地スタイルで親しまれている。各地の軍関係からレシピが伝えられたというタイミングの前後はあるにせよ、ハンバーガーの普及に町を挙げて取り組み、のちに〝ご当地バーガー〟として名を上げ商業的に成功したという点から、佐世保を**ハンバーガーが上陸した場所**として見るのが自然であろう。

佐世保市全景

弓張岳展望台から見た佐世保市街と佐世保港。

佐世保バーガーマップ

2021年の「佐世保バーガーマップ」。佐世保市内は25軒、佐世保市外は3軒の佐世保バーガーが食べられる店が紹介されている。

日本のハンバーガー店の黎明期

日本のハンバーガー黎明期にそのほかの地域で誕生し、名の知れた店はざっと次の通り。やはり**GHQや米軍の存在が背景にある店**が多い。

●ニューワールドサービス

１９４８年、東京・日比谷の三信ビルディングにレストラン「ニューワールドサービス」が開店。アールデコ様式で非常にデザイン性が高いビルとして親しまれた三信ビルディングは、１９４５年にＧＨＱに接収されており、同店はその中でＧＨＱのコックから本場のレシピを受け継いで作られたとされるハンバーガーや、ソフトクリーム（日本で最初に紹介されたという）などを提供する喫茶&軽食店だった。創業者は香港出身のウォン・チョンタク氏。残念ながらビルの解体を機に２００７年３月に閉店した。

写真：HAMBURGER STREET

●ザ・ハンバーガー・イン

１９５０年、東京・六本木に日本初のハンバーガー専門店と言われる「ザ・ハンバーガー・イン」が開店。ＧＨＱの経理部門で働き、日本の復興に関する経理業務にも携わったという米国人、ジョン・Ｓ・ウェッツスタイン氏が飯倉片町にオープンさせた。１９６４年には、当時はまだ六本木の端だった六本木５丁目交差点角の雑居ビルに移転した。２００５年10月に一時閉店したものの、２００７年５月、オーナーの知人とされる人物により西麻布に復活。しかし、そこも２０１５年に閉店。

●ほそやのサンド

同じく１９５０年、「ほそやのサンド」が開店。創業者の細谷正志氏は山形の米軍キャンプの下士官クラブでマネージャーをしており、その時に学んだサンドイッチやハンバーガーを出す店を現在の山形県東根市に開いたのが始まり。１９５３年に、朝鮮戦争勃発の影響で東根市から宮城県仙台市・国分町に移

転した経緯がある。「日本のハンバーガーはここから始まった」と称され、「現存する」最古のハンバーガー専門店とされている。創業者の孫である3代目が受け継ぎ、現在も営業中。

●ボンネット

１９５２年、静岡県熱海市に喫茶店「ボンネット」が開店。マスターである増田博氏がＧＨＱの施設で出合ったハンバーガーを日本人向けにアレンジしたスタイルで提供しており、今も名物として愛されている。

写真：HAMBURGER STREET

ハンバーガーの普及とチェーンストアビジネスの発生

ハンバーガーチェーンの上陸&日本での創業

ハンバーガーという食文化は、第二次世界大戦後にGHQや米軍基地群などに駐留した米軍兵たちとの交流を通して日本に伝えられたとされているが、それに少し遅れて米国のハンバーガーチェーンも日本に上陸してきた。加えて、日本独自のハンバーガーチェーンも続々と生まれる。それぞれのチェーンの説明はごく簡単に留めるが、**主な流れと主要チェーン**は次の通りだ。218頁の「日本のハンバーガー業界年表」も参考にしてほしい。

A&W

ハンバーガーを主体とするファストフードチェーンの日本上陸第1号は、1963年に沖縄県北中城村に開店した「A&W」屋宜原店であった。A&Wはハンバーガーとルートビアを主力商品とする米国のハンバーガーチェーン。現在も日本では沖縄県のみに23店舗展開され（2023年12月時点）、「エンダー」と呼ばれ沖縄県民に親しまれている。1963年当時は米軍基地内にハンバーガーを提供する店がなかったことと、沖縄に駐在する米国人の間では「マイカーブーム」が到来していたことが相まって、開店時はカーホップ型のドライブインレストランだった同店は大繁盛した。ただし当時の沖縄県は1951年に締結された対日講和条約（サンフランシスコ講和条約）により、米国の施政権下に置かれていたため、事実上は米国領土内への上陸ということになる。

●ドムドムハンバーガー

日本で最初に創業したハンバーガーのチェーンストアは、ダイエーグループが1970年2月に東京都町田市のダイエー原町田店（原町田ショッパーズプラザ）に1号店を作った「ドムドムハンバーガー」である。当初は、ダイエーの企業理念「よい品をどんどん安く」のどんどんから連想して「どんどん（DONDON）」という名称を考えていたが、すでに商標登録されていたため使用できず、「ドムドム（DOMDOM）」となった経緯がある。コンセプトは「まじめにおいしい、楽しい、どむどむ」で、マスコットキャラク

A&W屋宜原店の創業期の店構え

写真：エイアンドダブリュ沖縄

ターは「どむぞう」くん。「象のように親しみやすく」という意味が込められているという。一時は業績不振で最盛期は400あった店舗が二十数店舗にまで減少したこともあったが、2018年8月に藤崎忍氏が現在の運営会社、株式会社ドムドムフードサービスの社長に就任して以来、その手腕により復活の狼煙を上げている。

マクドナルド

1971年7月20日、東京・銀座三越店内に「マクドナルド」がテイクアウト専門店として開店し、ついに日本上陸した。7月24日には、早くも2号店である東京・代々木店（現存するもっとも歴史の長い店舗）が開店。輸入雑貨販売店「藤田商店」を営んでいた藤田田《でん》氏が、米国のマクドナルド社との合弁企業として日本マクドナルド株式会社を設立し、日本でのフランチャイズ権を獲得したという流れだ。開店時の価格設定は、「ハンバーガー」1個80円（ちなみに当時の『週刊少年ジャンプ』は90円）。一気に人気店として躍り出たマクドナルドの成功を追いかけ、各社が相次いで1号店を創業した1970年代初頭は、日本のハンバー

1号店オープン時の様子　写真：日本マクドナルド

ガーチェーンの幕開けと言える。マクドナルドの2023年10月時点の日本国内店舗数は2970店で、日本に展開するハンバーガーチェーンの中で最多。マクドナルド1号店開店日の7月20日は、日本で「ハンバーガーの日」とされている。

●モスバーガー

1972年6月、東京・成増の「成増名店街」地下に、店舗面積わずか2・8坪の「モスバーガー」の1号店がオープン。追って、創業者の櫻田慧氏らによって株式会社モスフードサービス（当時はモス・フード・サービス）が設立された。開店時の「ハンバーガー」の価格設定は1個80円。業態、提供方法、商品設計などは、櫻田氏が米国勤務時代によく通って感銘を受けたという、カリフォルニアに1946年に創業した老舗ハンバーガーチェーン「オ

創業期の成増店の様子と、オープン時のチラシ
写真：モスフードサービス

現在も定番商品である「テリヤキバーガー」

リジナル・トミーズ」をモデルにしたと伝えられている。「日本で生まれ、日本の味を大切にする」ハンバーガー専門店であることを謳い、商品を作り置きせず、注文を受けてから作るアフターオーダー方式を採用。なお、現在のハンバーガーチェーンの定番メニューである「テリヤキバーガー」は、1973年にモスバーガーが生み出したものだ。2023年11月末時点での店舗数は国内1300店、海外457店（海外初出店は1991年の台湾）で、国内としてはマクドナルドに次ぎ2番目の数を誇る。

●ロッテリア

1972年9月には、東京・日本橋高島屋北別館1階に菓子メーカーのロッテグループのファストフード事業として生まれた「ロッテリア」が創業。名前の由来はロッテとカフェテリアを組み合わせた造語。日本人の味覚や食生活、地域性を積極的に取り入れることで他社と差別化を図ってきたとされている。開店時の価格設定は「ハンバーガー」1個150円と、マクドナルドの80円に比べてかなり強気の設定であった。2023年4月からは「すき家」などを運営する外食企業、株式会社ゼンショーホール

日本橋高島屋に開業した1号店
写真：ロッテリア

ディングス傘下となっている。国内に302店舗（2023年12月時点）を持ち、ハンバーガーチェーンとしては第3位の店舗数。

明治サンテオレ

1973年7月に明治乳業がハンバーガーチェーン「明治サンテオレ」を創業。「サンテオレ」の由来は、フランス語で健康を意味する「サンテ」と、スペイン語で喝采の掛け声「オレ」を合わせた造語だ。1990年代の最盛期には関東を中心に100店舗超を展開していた。2006年に明治グループを離脱し、現在は株式会社サンテオレコーポレーションが神奈川と千葉に2店舗のみ運営。カフェ業態であったり、ラーメンなどのハンバーガー以外のメニューを提供していたりと、ハンバーガーを主体としながらもなかなか自由。

神奈川・能見台にあった店舗
写真：HAMBURGER STREET

森永LOVE

1975年、株式会社レストラン森永（森永製菓株式会社の子会社）が、ハンバーガーチェーンの「森永LOVE」1号店を東京・三田に創業。首都圏を中心に最盛期には約50店舗を展開した。しかし、1996年に、バーガーキングジャパン株式会社（日本たばこ産業株式会社［JT］と米国のバーガーキング社の持株会社の共同出資会社の子会社）に事業譲渡された。2001年に同社のバーガーキングが日本から撤退するにあたり、店舗は「ロッテリア」と「ファーストキッチン」（後述）に売却されて消滅した。

●ファーストキッチン

1977年9月、サントリー株式会社がファーストキッチン株式会社を設立し、1号店を東京・池袋東武百貨店地下に開業。売りは、ファストフードハンバーガー史に残る数々の商品スタイルを考案した商品開発者、森田泰彦氏の功績が光る多彩なメニュー。たとえばヒット商品となりほかのチェーンに続々と広まった「ベーコンエッグバーガー」や「海老フライバーガー」、1996年に誕生した、さまざまな風味のパウダーをフライドポテトにふりかける「フレーバーポテト」などだ。その後もハンバーガーに留まらない多彩なメニュー展開を行い人気を博す。2015年3月以降、米国のハンバーガーチェーン「ウェンディーズ」（後述）とのテストコラボレーションとしてファーストキッチンの2店舗でウェンディーズ商品を販売。2016年6月、サントリーホールディングス株式会社は、ファーストキッチン株式会社の全株式をウェンディーズ・ジャパンへ売却した。以後は「ウェンディーズ・ファーストキッチン」として店舗展開され、既存のファーストキッチンも順次ウェンディーズ・ファーストキッチンへの変更が進められた。現在の店舗数は全部で112店舗（2023年12月時点）。

●ウェンディーズ

先ほどウェンディーズの名前が出たが、ファーストキッチンとウェンディーズとのコラボレーションにさかのぼること35年前の1980年5月に、ドムドムハンバーガーを有するダイエーグループが、実はウェンディーズの最初の日本上陸を成し遂げていた。ダイエーグループの創業者、中内㓛氏が米国でウェンディーズのことを知り、日本展開を指示したもので、ダイエー傘下の株式会社ウェンコ・ジャパンがフランチャイジー契約を結び日本1号店の銀座店を開店。1990年代後半の最盛期には全国で100店舗を達成した。ウェンコ・ジャパンは2002年12月に株式会社ゼンショーホールディングスに売却され、同社は2009年12月末、フランチャイジー契約の期間満了に伴い、全店を閉店した。事業自体は黒字であったが、グループ全体の人材・資金などの最適化のための判断とされる。閉店が発表されてからその月のうちに全店クローズという出来事は、業界に大激震を与えた。

●ウェンディーズ・ファーストキッチン

その後2011年4月、株式会社ヒガ・インダストリーズが、米国のウェンディーズ／アービーズグループと資本業務提携してウェンディーズ・ジャパン合同会社を設立し、ウェンディーズを日本に再上陸させた。同年12月、東京・表参道に再上陸1号店を開店。ちなみに筆者の会社、株式会社イエローズはこのウェンディーズ再上陸に際し、メニュー開発業務などで多岐にわたり関わらせていただいた。その後、先述したように、ウェンディーズ・ジャパンは2016年6月、コラボレーション相手であった「ファーストキッチン」をサントリーホールディングスから買収。以後、「ウェンディーズ・ファーストキッチン」としてのダブルブランド戦略を推進している。

六本木店の外観

●ベッカーズ

ファミリーレストラン大手のロイヤル株式会社がファストフードハンバーガーチェーン「ベッカーズ」の創業を計画し、1986年5月、ベッカーズ株式会社を設立。ロイヤルの江頭匡一社長、井上惠次副社長がそれぞれ会長、社長に就任した。同年11月「ベッカーズ」の1号店を東京・

新宿三井ビルディングに開業。ちなみに筆者は、ヘッドハンティングで結集した当時の飲食業界の強者の先輩方とともに創業時からベッカーズに参画し、飲食人としてのキャリアを歩み始めた。店舗数においてファストフードハンバーガーチェーンの世界一をめざすも、競合他社が乱立する中バブル期も相まって物件取得に苦しみ、1990年5月にジェイアール東日本レストランに買収される。以後、首都圏のJR駅施設を中心とした出店戦略を採る。最終的にはJR東日本クロスステーションフーズカンパニーが運営をしていたが、残念ながら2023年11月22日、最後の店舗である柏店のクローズをもって37年のブランドの歴史に幕を下ろした。

2023年11月のブランドクローズ前の柏店の様子
写真：野尻英利

●ホワイト・キャッスル

1986年、大阪府に本拠を置く株式会社サトが、第2章に書いた世界初のファストフードハンバーガーチェーン「ホワイト・キャッスル」と提携し、大阪に出店。しかし、のちに撤退（この出来事に関する情報が少なく、誰に聞いても撤退時期が不明である……）。

●フレッシュネスバーガー

1992年12月、弁当チェーン店「ほっかほっか亭」の創業者の1人である栗原幹雄氏が、東京都・富ヶ谷に「フレッシュネスバーガー」1号店を創業。「大人がくつろげるバーガーカフェ」がコンセプト。富ヶ谷店は米国の田舎の小屋のようなノスタルジックな一軒家で、栗原氏が米国視察で見た「テネシー州にある鉄板だけで焼く手作りハンバーガー屋」のイメージ通りの物件だったようだ。同店舗は創業当時の面影を残しつつ、今日も営業中である。運営面では、ユニマットグループを経て2016年12月、フードサービス企業の株式会社コロワイドの子会社である株式会社レインズインターナショナルが株式会社フレッシュネスを買収。現在は163店舗を運営し（2023年10月時点の同社ウェブサイトより）、海外出店もしている。

東京・富ヶ谷に現在もある1号店
写真：HAMBURGER STREET

●バーガーキング

1993年9月、西武グループの西武商事株式会社により埼玉・入間の駅ビルに「バーガーキング」日本初上陸の1号店が開店。「並外れて大きなもの」を意味する「ワッパー」と名付けられたハンバーガーを名物メニューとする、米国のハンバーガーチェーンである。1996年からは西武に代わり日本たばこ産業株式会社（JT）がチェーン展開を進めるも、2001年3月に撤退。その後、ロッテグループと、ロッテリア再建に携わる株式会社リヴァンプが共同出資して日本再上陸1号店を2007年6月、東京・新宿アイランドタワー内に開店。2010年8月にはロッテリアの韓国法人が経営権を取得する。2017年10月、バーガーキングアジアパシフィック株式会社と香港の投資ファンド、アフィニティ・エクイティ・パートナーズが新たにフランチャイズ契約を締結し、株式会社ビーケージャパンホールディングスを設立。以後は同社が店舗運営を行っているが、2022年にはアフィニティ・エクイティ・パートナーズが日本と韓国のバーガーキング事業の売却手続きを開始したと報じられた。現在は日本国内に約200店舗を展開（2023年10月時点の同社資料より）。

ワッパーと店舗外観

●the 3rd Burger（ザ・サードバーガー）

日本で外食店経営を行うユナイテッド＆コレクティブ株式会社が２０１２年12月に、ハンバーガーチェーン「the 3rd Burger」の1号店を東京・青山骨董通りに開店。日本国内で創業されたハンバーガーチェーンのオリジナルブランドは「フレッシュネスバーガー」以来で、現在の店舗数は9店である（２０２３年10月時点の同店ウェブサイトより）。主に居酒屋業態を運営する同社の方針として「圧倒的な商品力と高い生産性の達成」があり、緻密な調理工程の管理を行うため、バンズやミートパティを始めとしたパーツの店内仕込み率が高いのが特徴。

写真：東日本ハンバーガー協会

カールスジュニア

1989年に一度日本進出を果たしたものの、撤退していた「カールスジュニア」が2016年3月、東京・秋葉原に再上陸。カールスジュニアは米国のハンバーガーチェーンの一つで、再上陸は燃料販売企業の株式会社ミツウロコグループホールディングスによるもの。ボリュームのある直火焼きのミートパティが特徴で、現在は5店舗を有する（2023年10月時点の同社ウェブサイトより）。

シェイクシャック

1996年に日本に「スターバックス コーヒー」を上陸させ、日本人にとっては真新しいコーヒー文化を広めた株式会社サザビーリーグが、2015年11月、「シェイクシャック」1号店を東京・明治神宮外苑に開業。「現代のバーガースタ

写真：東日本ハンバーガー協会

ンド」をコンセプトにした米国のハンバーガーチェーンで、高品質で安心・安全な食材の調達、地球環境に優しいデザインの採用、地域コミュニティのサポートなど、現代的なミッションを掲げている。現在は日本に13店舗を展開（2023年10月時点の同店ウェブサイトより）。

コンビニでの驚くべき展開

最後に、日本のファストフードハンバーガーの歴史の中で、知る人ぞ知るエポックメイキングな一幕があったことを付け加えておきたい。それは、ハンバーガーチェーンではなく、**コンビニエンスストアチェーンで起こった**。

今は、コンビニの各店舗で店内調理を行ってファストフードを提供する姿は見慣れたものとなっている。ホットスナックやスイーツ、簡単な惣菜など、いろいろな種類があるのを皆さんもご存じだろう。しかし1990年代に、先駆けてコレを行っていた常識外れのコンビニチェーンがあった。1980年、ジャスコ株式会社が創業した**「ミニストップ」**である。しかも、オーダーを受けてから店内の厨房で調理のオペレーションを開始するスタイルで、ハンバーガーを提供していたのだ（時間によっては作り置きもあったというが）。ミニサイズのグリドルでミートパティを焼き、ミニサイズのバンズトースターでバンズを焼き、野菜やソースとともに組み立てて提供用にラッピングする……。その工程を、コンビニという場所の時間の流れの中で通常運行できるオペレーションを開発できたのは、商品開発の同業者としてはいまだに信じられない。これを仕掛けていたのは、日本のファストフードハンバーガー界の祖の1人で、**マーチャンダイザーとして活躍した今井久氏**。当時のジャスコがミニストップ創業において掲げた「コンビニエンスストア＋ファストフードの融合」というコンセプトを受け、今井氏がオペレーションシステムを作り上げた。

残念ながら、ミニストップ創業30周年時の改変で**ハンバーガーメニューはパニーニに変更され姿を消した**。理由としては、コンビニとしては設備の負担が重すぎること（たとえばグリドルのために排煙の強化が必要であるなど）、調理機器に常に通電することによる光熱費の高騰、機材類がほかのメニューと共用できないこと、そして何より、ハンバーガーショップがバラエティ豊富に出揃い、コンビニでハンバーガーを提供する斬新さがなくなってしまったことが考えられる。

グルメバーガーへと独自の進化を遂げる

日本人による「本物志向のハンバーガー専門店」

さて、ここからは、ファストフードではないハンバーガーの話をしよう。時は1985年。自分たちが知っているファストフードハンバーガーとは見た目からして明らかに違う、アメリカンな雰囲気の、リッチでこだわりのありそうなハンバーガー。まわりのお客さんは外国人だし、かぶりつかないでフォークとナイフで食べている人もいるし……。そんな〝ちょっとスペシャルなハンバーガー店〟が**日本において日本人によって創業**されたことが、のちに日本独自の「グルメバーガー」を生む流れになったことは、今振り返ると重要なポイントだ。

これまで説明してきたチェーン店が提供するようなファストフードハンバーガーとは異なる、各店が料理としてこだわりを持って作ったハンバーガーは日本でも、ハンバーガー上陸時より、たとえばアメリカンダイナーやホテルのダイニング、米国人たちが居留する施設などで提供されてはいた。しかしそれらとも一線を画す「日本人による本物志向のハンバーガー専門店」が誕生したということが、ハンバーガーが米国の食べ物でありながら、**日本独自のグルメバーガーという食文化として発展する序章**となったのである。グルメバーガーとは何ぞや？　という話は第4章でするので、ここではグルメバーガーが生まれる前に、どのような動きがあったかだけを説明する。

●Homework's（ホームワークス）

すべての始まりは１９８５年７月、東京・広尾に「Homework's」が開店したことによる。ここは、「娘にジャンクフードではない本物のハンバーガーを食べさせてあげたい」という、米国在住経験のある日本人創業者の思いから生まれたハンバーガーとサンドイッチの店だ。今も広尾と麻布十番に店舗があり、「家庭的、心のこもった、健康的」というキーワードを大切にして作られた料理が提供されている。Homework'sの「ハンバーガー」１個の価格は、当時８５０円。その時代の広尾は、各国の大使館関係者、外資系企業のビジネスマン、在日の外国人らが多数住んでいて、異国感と日本の古い商店街が混ざり合うような街だった。リッチな外国人の顧客にはなんてことのない価格であったろうが、ハンバーガーとサイドメニューがセットになっ

写真：小島純子

たマクドナルドの「サンキューセット」（390円）やロッテリアの「サンパチトリオ」（380円）が大人気となった1980年代後半にあっては、同店のメニューはとても値の張る食べ物という印象があっただろう。もちろん、食材へのこだわりを追求した結果としては「相応」の価格設定であったのかもしれない。だが同店の登場によって「自分たちの知っているハンバーガーとは違う、こんなに高価、だけどおいしいハンバーガーが存在するのか」という驚きを、日本人の運営する店で、日本の一般消費者が知ったことは大きい。とにかくこの店の出現が日本のハンバーガー新時代へのファーストステップとなったことは間違いない。

●7025 Franklin Avenue（7025 フランクリン・アベニュー）

次の動きが起こるのは1990年。東京・五反田の閑静な高級住宅街に、テラス付きの一軒家レストラン「7025 Franklin Avenue」が開店する。店主の松本幸三氏は、ロサンゼルスのレストランで本場のハンバーガーを学んだ人

写真：東日本ハンバーガー協会

物。米国の食文化である本物のハンバーガーを伝えると同時に、「レストランで食べる食事のようなハンバーガー」を提供する店を立ち上げたことによって、「日本のハンバーガー界のパイオニア」と称され、今なお現役のレジェンドとして知られる。レストランという空間の中でハンバーガーを料理としてゆったりと食べて楽しむ世界観を示し、当時の消費者に衝撃を与えた。

グルメバーガーの〝源流〟

さて、これらの「日本人が営むスペシャルなハンバーガー店」の登場を経て、日本のハンバーガー業界に新たな風が吹いたところで、現在のグルメバーガー界の大きな源となっている三つの店が生まれた。いずれも海外で現地のハンバーガーやサンドイッチに触れ、帰国後に起業をした創業者による店だ。この三つの店は、その後に独立していわゆる「グルメバーガー店」を開く卒業生を多数輩出したという意味で、**グルメバーガーの源流**と言われている。

FUNGO（ファンゴー）

1995年12月、東京・三宿の世田谷公園前に関俊一郎氏が「FUNGO」を創業した。関氏が米国留学時代に体験した「自由にきめ細かくカスタマイズできるサンドイッチの楽しみ」や「テラスで愛犬と一緒にすごせる環境」などを日本で再現することを思い描いて開いた店だという。開業時はサンドイッチを主体としたカフェであったが、２００５年くらいからハンバーガーを提供し始めた。当時はグルメバーガーという概念がなかったわけだが、同店で修業して独立開業した卒業生たちが、のちにグルメバーガーと呼ばれるジャンルを作り上げていくことになる。「GORO'S★DINER」を開いた吉澤氏、「AS CLASSICS DINER」の水上誠二氏、キッチンカーで「Sun 2 Diner」を運営する田嶋大輔氏、「OLD NEW DINER」を開いた田中伸行氏などなど。なお、FUNGOは世田谷公園前の本店を基幹店とし、２０１８年には三軒茶屋に「TEN FINGERS BURGER」も開店。加えて本店のメニューであったアップルパイにフィーチャーした「GRANNY SMITH APPLE PIE & COFFEE」という大ヒット店も生み出した。

写真：東日本ハンバーガー協会

●FIRE HOUSE（ファイヤーハウス）

1996年1月に東京・本郷に吉田大門氏が「FIRE HOUSE」を創業。「米国から日本に戻った時、自分が米国で毎日のように食べていたようなハンバーガーがなかった。しかも貧乏な米国暮らしの中で食べていたハンバーガーという食べ物に日本では行列ができているのを見て、そこにビジネスの可能性を感じた」とウェブサイトの取材で吉田氏は話している。これも後からの話になるが、同店は「グルメバーガー用のバンズ」と言えば真っ先に名前が挙がるパン店「峰屋」と共同で、酒種酵母を使用したオリジナルバンズを開発した。これが「バンズ」の可能性を広げ、グルメバーガーの発展の大きなきっかけになったと筆者は考える。

同店の独立者からは、この店で働いたことでとくに店舗運営オペレーション力が身についたという話を聞くことが多い。オペレーション力というのは店舗の状況をコントロールする力で、開業から現在まで繁盛店としての地位を揺るぎないものにしているFIRE

写真：東日本ハンバーガー協会

HOUSEは、独立前の絶好のトレーニングの場になっているのだろう。なおこれは余談だが、開店当時のFIRE HOUSEには、筆者含めファストフードハンバーガーチェーン各社の商品開発者が、オペレーションや技術を学ぶために入れ代わり立ち代わり客席にいた模様である。

●BROZERS'（ブラザーズ）

2000年7月、東京・人形町に北浦明雄氏の「BROZERS'」が創業。「オーストラリアでのワーキングホリデーで働いたハンバーガー店のような、明るく楽しいお店を自分がオーナーになってできたらおもしろい」と考え、開業に至ったという。味に自信を込めたハンバーガーを、開業時から1個1000円以上で提供。店舗はファサードのみならず店内までも真っ赤なデザインで、カルチャーショックを感じたのを覚えている。ハンバーガー自体の話ではないが、日本でグルメバーガーという新しい食文化が出発するタイミングに、店舗空

写真：東日本ハンバーガー協会

間でもお客の常識を覆す役割を果たしてくれた店だと思っている。

現在は直営のレストランが4店、そのほかにテイクアウトやデリバリー専門の事業もあり、同店で修業して独立し、ハンバーガー店を営む人は、北浦氏が認めるだけでも30人を超える。グルメバーガー業界で一番勢力が大きいと言ってよいだろう。同店で修業した後、自身の故郷で創業するというパターンが多いので、その出店地は日本各地に渡る。同店はウェブサイトにて独立を前提としたスタッフ募集をしており、そのノウハウを伝える門戸を積極的に開いている。

源流店が発生した後から、現在までの流れ

先述したグルメバーガー界の源流とされる3店で修業をし、店長もしくはそれに準ずるポジションを経験し、ハンバーガーに対する考え方のみならず、経営手法や社会的責任のあり方までを幅広く学んだ人財が**独立開業し、店を持ち始めたのが2005年前後から**。そういった店が盛り上がりを見せ、ハンバーガー愛好家やメディアが注目し、のちにグルメバーガー店という名前で呼ばれるようになる。グルメバーガーはちょっとしたブームにもなり、雑誌やテレビ番組に取り上げられるケースも多かった。ただ、グルメバーガーと呼ばれるレベルの店舗はまだ数が多くなかったので、どのメディアも同じような店のラインナップだった記憶がある。テレビ番組「チューボーですよ！」に、今ではグルメバーガーのパイオニアとして伝説となっている面々が、現役バリバリのハ

ンバーガー職人として登場していたのが懐かしい。吉澤氏も「GORO'S★DINER」のシェフとして登場した。ある業界関係者は**「その時取り上げられたベーコンチーズバーガーがこの上なくおいしそうに見えたことが、グルメバーガーの存在が広く知れ渡るきっかけになった」**と評している。

もちろん、先述の3店以外にも独立者を生み出しているグルメバーガーの作り手はいる。現在も活躍する実力店としては、たとえば2005年創業の「THE BURGER STAND FELLOWS」、2007年創業の「THE GREATBURGER」、2008年創業の「BURGER MANIA」、2011年創業の「Munch's Burger Shack」などなど。とはいえ源流と呼ばれる3店で修業した人は多く、系譜とも呼べる流れがあるのは事実だ（112頁の表にまとめた）。なお現在のグルメバーガー界を牽引している店は、**2010年代中盤の創業が多い**。その頃は、グルメバーガーという名前が生まれてから業界がある程度成熟し、いろいろなアイデアや食材が取り入れられハンバーガー店の多様化が進んだ時代である。

最後に、グルメバーガー店での修業について話そう。独立を視野に入れている人間は、**調理技術と「ビジネスとしてのグルメバーガー店」の運営**の両方を学ぶべくハンバーガー店に修業に入る。メイン商品がハンバーガーのように「スタイルがある程度決まっている単品」の場合は、その中でのアレンジのバリエーションを身につける必要はあるものの、鮨や和食のように習得に時間がかかる専門技術を身につけるわけではない。ただ、グルメバーガーは基本的に店主が商品の仕込みから調理にまで責任を持つのが原則（でないとクオリティの高い商品が生まれにくいから、という理由だ）であるため、**「店主と同じ視点で商品設計と調理ができるようになる」**のが修業の到達目標である。

個人経営のレストランなどでは、長く働いて「その店の味」を守ってくれる職人が大切である。しかし、ことグルメバーガー店においては必ずしもそうではない。ざっくり言うと、**大学の運動部のような短期スパン**で組織作りがなされるイメージだ。というのは、数々の独立者を出す店のベースには、**しっかりと確立されたオペレーションのスタイルがあるから**。店のスタイル自体が強固なので、新しく入ったスタッフでもオペレーションに慣れたらどんどん重要なポジションについていき、その店のビジネスモデルや商品設計の考え方までも数年で学ぶことができる。そして独立したいタイミングまでに自分の表現したいことやめざすスタイルを見出し、卒業する。その店で成長したオペレーションの中心人物が抜けてしまうのは、組織にダメージがあるように思えるが、実は組織がリフレッシュして新しい風が吹くいい機会になるという。筆者が取材した中では、卒業したスタッフにはビルドの順番、加熱機器の選択に始まり、レタスのたたみ方など細かいところまで修業店の片鱗が見え隠れしていて、系譜が感じられるのでおもしろい。

FUNGO（1995/12/01開業）、TEN FINGERS BURGER（2018/06/03開業） 出身		
店舗名	開店年月日	場所
GORO'S★DINER → A&G DINER	2005/04/29	東京都渋谷区神宮前
GORO'S★DINER 宇田川町店	2008/11	東京都渋谷区宇田川町
↳ syuzo.akutagawa	2015/08/14	静岡県浜松市
AS CLASSICS DINER KOMAZAWA	2005/12/17	東京都目黒区八雲
AS CLASSICS DINER ROPPONGI	2013/04/19	東京都港区六本木
↳ OLD NEW DINER	2016/06/17	東京都立川市錦町
Sun2Diner	2011/07/20	東京都目黒区上目黒
Beach Hill Food Works	2016/05/10	福井県坂井市
三六〇	2017/10/20	大阪府堺市
HELLO! NEW DAY	2018/02/16	大阪府大阪市西区

FIRE HOUSE（1996/01/16開業）出身		
店舗名	開店年月日	場所
ARMS	2005/08/16	東京都渋谷区代々木
Authentic	2006/11/18	東京都港区赤坂
GRILL BURGER CLUB SASA	2009/04/22	東京都渋谷区恵比寿西
↳ THE GIANT STEP	2017/04/29	東京都練馬区練馬
Sherry's Burger Cafe	2011/05/25	東京都品川区小山
CHATTY CHATTY	2014/07/04	東京都新宿区新宿
GREAT ESCAPE	2014/12/15	埼玉県さいたま市
Jack37Burger	2015/09/14	東京都中央区日本橋小伝馬町
CRUZ BURGERS & CRAFT BEERS	2015/11/25	東京都新宿区四谷三栄町
CHATAN BURGER BASE ATABII'S	2017/03/03	沖縄県中頭郡北谷町
folk burgers & beers	2018/08/06	東京都千代田区神田神保町
CHANgES Burger	2019/02/08	東京都大田区山王
CANNONBALL DINER	2021/04/09	東京都台東区根岸
CHUNK BURGER STAND	2023/06/01	宮城県仙台市

※2023年11月時点。閉店した店も含む

“系譜”のあるグルメバーガー店一覧

BROZERS'（人形町本店2000/07/03、東雲店2011/03/07、新富町店2012/07/20、日本橋高島屋店2018/09/25開業）出身		
店舗名	開店年月日	場所
CENTER4 HAMBURGERS	2006/08/25	岐阜県高山市
LAYER'S	2006/12/04	愛知県名古屋市中区
BIG SMILE	2005/01/11	茨城県取手市
Reg-On Diner	2008/08/15	東京都渋谷区東
LOCOFEE	2011/01/05	東京都大田区大森西
shake tree burger&bar	2011/11/12	東京都墨田区亀沢
Burger&Beer VIBES	2011/11/24	東京都港区芝
BURGERTRIBE VIBES	2013/11/08	千葉県柏市
Burger/Tex-Mex VIBES	2018/04/15	千葉県柏市
HamburgerMonster	2012/05/01	大阪府大阪市西区
homeys	2012/11/18	東京都新宿区高田馬場
REDS' BURGER STORE	2013/06/13	三重県四日市市
HEAP BURGER STAND	2013/12/15	岡山県岡山市
Island Burgers 四谷三丁目店	2013/12/23	東京都新宿区四谷
Island Burgers 高田馬場店	2020/05/12	東京都新宿区高田馬場
Island Burgers 市ヶ谷店	2021/04/26	東京都千代田区九段北
Island Burgers ミカン下北沢店	2022/03/30	東京都世田谷区北沢
Deli☆Boy BROS. HAMBURGER	2015/06/25	福岡県うきは市
BURGER CRAZY	2016/07/09	兵庫県西脇市
BURGER&MILKSHAKE CRANE	2016/12/05	東京都千代田区外神田
marger burger	2016/12/12	東京都渋谷区千駄ヶ谷
Gravy Burger	2017/03/01	三重県鈴鹿市
Skippers'	2017/03/13	東京都江東区潮見
CLAP HANDS	2018/01/12	東京都世田谷区太子堂
Builders	2018/01/21	東京都墨田区東駒形
Burger Stand Tender	2018/04/30	新潟県新潟市中央区
ハンバーガーショップスズキ	2018/08/01	埼玉県熊谷市
THE HAMBURGER	2018/10/07	京都府京都市北区
Home Hamburger	2020/02/26	静岡県静岡市葵区
BURGHACK	2020/06/05	東京都足立区綾瀬
LAID BAUK BURGER	2020/11/24	茨城県つくば市
Louis Hamburger Restaurant	2022/11/07	東京都江東区南砂
THE CHEESE BURGER	2022/11/21	新潟県新潟市中央区
SEVENTH HEAVEN	2023/02/09	千葉県八千代市
OVERWHELM HAMBURGER&BAR STAND	2023/11/07	東京都目黒区中央町
GREAT TOWN BURGERS	2024/秋	宮城県仙台市

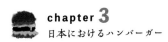

ハンバーガーを提供する店のポジショニング

筆者によるポジショニングの考え方と業界マップ

一般的には、ハンバーガーと言えばマクドナルドのようなファストフードのハンバーガーのイメージが強いだろう。また、ファストフード以外のハンバーガーは、存在を認識されているにしても一緒くたにされがちである。確かに、ハンバーガーの世界をごくごく大雑把に分類すると、まずは**「ファストフード」と「ファストフード以外」**に分けられることは間違いない。しかし、今の日本には多彩なハンバーガーがあり、ハンバーガーを提供している飲食店の業態（商品を「どう売るか」という売り方によって営業形態を分類したもの）を「主力商品の価格帯、オペレーションのスタンス、運営者」によって**筆者の経験と独断と偏見により細分化してみると、**次頁の図表のようにマッピングできると思う。オペレーションとは、ハンバーガーを製造する工程のことだ。

図表の縦軸は「価格」の軸で、上にいくほど価格が高い。原価自体が高いため商品価格が上がっていたり、付加価値が価格にのっていたりするケースなどである。下にいくほど価格が安くなり、横軸との交差点より下側は、ベーシックなハンバーガーメニューの最低価格が1000円以下の店（2023年10月時点）。横軸は「クラフト性」の軸で、右にいくほど作り手が食材の性質を理解

日本のハンバーガー店のポジショニングマップ

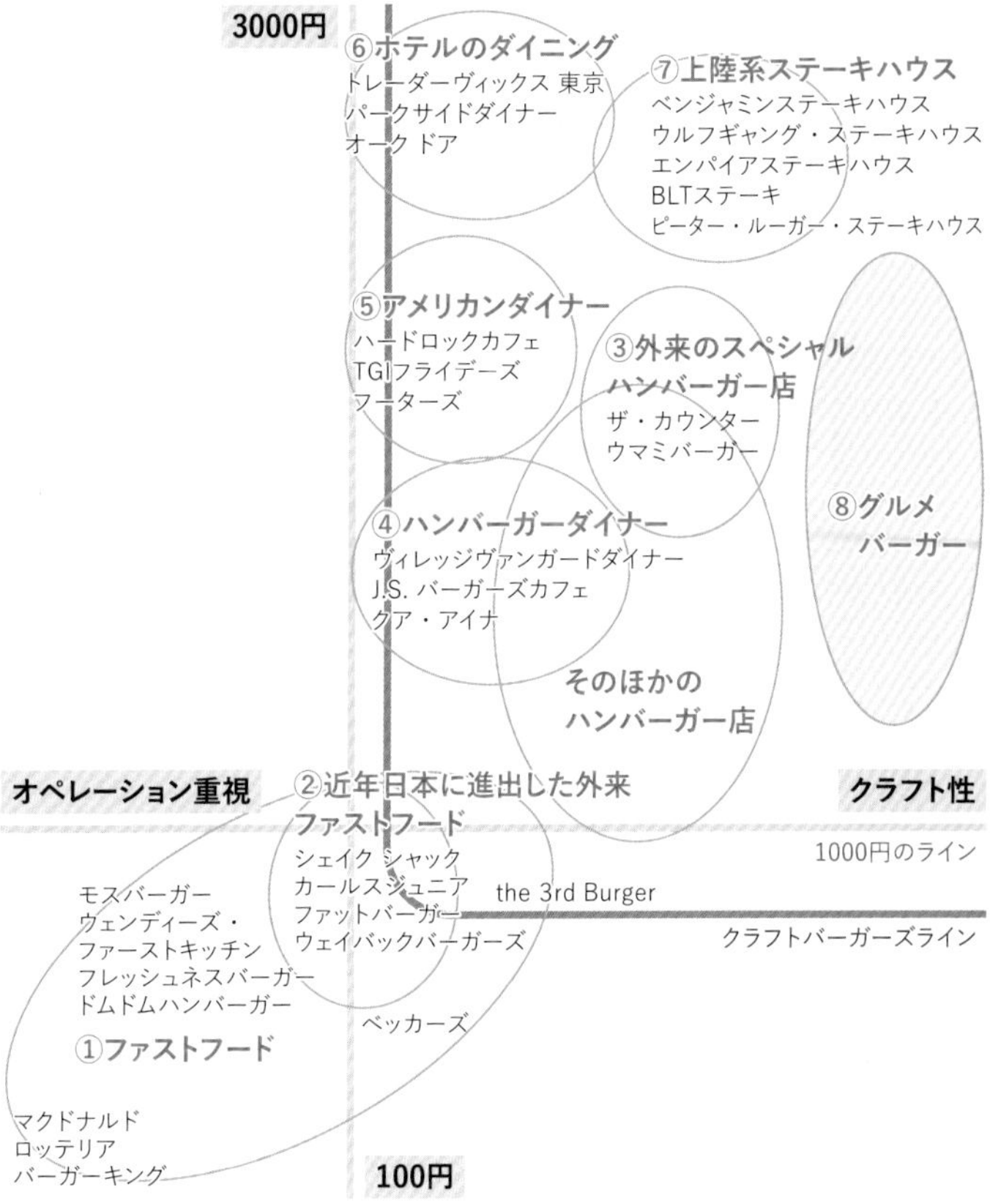

※価格はその店の基本のハンバーガーと高価格のハンバーガーのレンジを考慮している

し、それを活かす技術と想像力（職人性、クラフト性）を持って一つ一つこだわって作るハンバーガー、左にいくほど素早いもしくは簡易なオペレーション重視のハンバーガーということになる。図の中の青い曲線は「クラフトバーガーズライン」という筆者が提案するハンバーガーの区分けの一つで、曲線の右上に属するものをこの本では「クラフトバーガー」と定義している（128頁参照）。このクラフトバーガーの中でも、調理技術やパーツの構成がとくに優れ、企業ではなく個人資本での経営のハンバーガー専門店で提供されるものがいわゆる「グルメバーガー」というわけだ。

グルメバーガーについては第4章で詳しく説明するが、一般的には、ファストフード以外のハンバーガーすべてが「グルメバーガー」ととらえられているきらいが強いと感じる。しかし、**ファストフード以外がすべてグルメバーガーというわけではない**ということは、ここで強く主張しておきたい。また、グルメバーガーがマスコミで取り上げられる際、「1000円以上する高級なバーガー」と紹介される状況をしばしば目にする。ある意味外れてはいないのだが、このマップの通り、「値段の高いもの＝すべてグルメバーガー」というわけではない。業態の違いはもちろん、最近はファストフードハンバーガー店でもかなり高額な期間限定商品やイベント商品が続々とリリースされているので、単純に**価格帯だけでハンバーガーを区分けすることはできない**からだ。さて次頁からは、そんなマップ内の区分けについて説明しよう。

① ファストフードハンバーガー

基本的には、標準化されたマニュアルによるオペレーションで、限定された種類のメニューを素早く提供するスタイル。飲食業界では「クイック・サービス・レストラン」（QSR）と表現される。商品単価が低いため店舗数の多少はあれどチェーン化を前提としていることが多く、システムの構築、効率的な店舗運営、店舗展開に大きな資金が必要であり、企業資本による運営が一般的。米国のチェーンが日本に進出してきて根付いたものもあれば、日本で生まれたものもある。

代表的なもの

- マクドナルド
- ロッテリア
- バーガーキング
- モスバーガー
- ウェンディーズ・ファーストキッチン／ファーストキッチン
- フレッシュネスバーガー
- ドムドムハンバーガー
- A&W
- the 3rd Burger

マクドナルド

写真：Atushi Tada-stock.adobe.com

A&W

写真：東日本ハンバーガー協会

the 3rd Burger

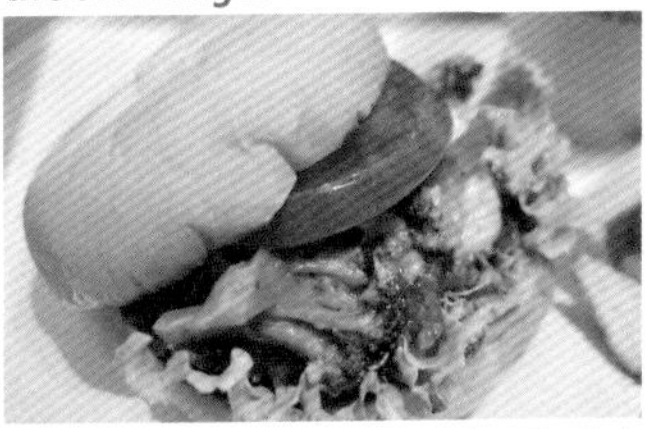

写真：東日本ハンバーガー協会

② 近年日本に進出した外来ファストフードハンバーガー

近年日本に上陸した、日本ではまだなじみの薄い外来ハンバーガーチェーン。それらの店の発祥はすべて米国であり、現地での歴史や実績を買われて日本に進出してきた経緯がある。ただ、日本人になじみがないぶん進出の明確な動機と日本の運営側の十分なプロモーションがないとなかなか根付きにくいのが現状。「米国で大人気！」との触れ込みで表参道、青山、六本木など都心のオシャレな立地から展開を開始するのが常だが、店舗数は大幅には拡大せず、ブランド力で売っていくことをめざすケースが多い。ファストカジュアル業態も見受けられる。

代表的なもの

- シェイク シャック
- カールスジュニア
- ファットバーガー
- ウェイバックバーガーズ

シェイク シャック

写真：東日本ハンバーガー協会

カールスジュニア

③ 外来のスペシャルハンバーガー

登場時には黒船が襲来したかのようにメディアを賑わせた、かなり値段の張るハンバーガーを主体とするレストラン業態のハンバーガー店。赤坂、青山、六本木などの外国人が多いハイソサエティな立地に出店することが多く、レギュラーメニューの平均価格帯は1500円前後。メニュー構成やパーツ一つ一つへのこだわりが強い。利用動機として「日常の食」としての利用はあまり想定されておらず、ゆっくりと上質な食事を楽しむというレストランダイニング的な使われ方をすることが多い。ちなみに「オーガニック素材のハンバーガー」をテーマとし、ベジタリアン・ヴィーガン・グルテンフリー対応も行っていた「ベアバーガー」もこの枠（2022年7月撤退）。

代表的なもの

●ザ・カウンター

ザ・カウンター

写真：東日本ハンバーガー協会

●ウマミバーガー

ウマミバーガー

写真：東日本ハンバーガー協会

④ ハンバーガーダイナーのバーガー

多くは企業の運営によるマニュアルオペレーションだが、何らかの付加価値をつけることで単価を上げるビジネスモデルを持つ、ハンバーガーを主体としたダイニング。ベーシックなハンバーガーは、1000円前後。明確な世界観のあるコンセプトを有し、内装やスタッフのユニフォームなども楽しく、ファストフード店とは一線を画した「ごちそう感」が感じられる。書籍・雑貨店の「ヴィレッジヴァンガード」が運営する「ヴィレッジヴァンガードダイナー」や、アパレルの「ジャーナルスタンダード」が運営する「J.S. バーガーズカフェ」など、異業種からの参戦も多い。ちなみに、ハンバーガー通と称する人に「好きなグルメバーガー店は？」と質問すると、ハワイアンダイナーの「クア・アイナ」という答えがもっとも多い。クア・アイナは、確かに自らグルメバーガーと名乗っているのだが、グルメバーガーの誕生の経緯や定義を考えるとグルメバーガーではなく、このハンバーガーダイナーのカテゴリーに含まれる。人気がある理由としては、"ハワイアン"をコンセプトとしておりほかのファストフードハンバーガーと違うイメージが確立されていること、ショッピングやレジャーに関連した施設に出店していて知名度が高いことなどが挙げられる。

代表的なもの

- ヴィレッジヴァンガードダイナー
- クア・アイナ
- J.S. バーガーズカフェ

ヴィレッジヴァンガードダイナー

写真：東日本ハンバーガー協会

⑤ アメリカンダイナーのハンバーガー

アメリカンダイナーは大手企業による米国のフランチャイズブランドから個人店までさまざまな店があるが、基本的にはハンバーガーだけでなく米国料理を主体としたダイニングのこと。プルドポークなどのアメリカンバーベキューメニューやシカゴピザ、シュリンプメニュー、米国のビールなど、専門性の高い看板商品を展開しており、ハンバーガーは定番の“アメ食”のメニューの一部という位置付けだ。フレンドリーなサービスとカジュアルな雰囲気が売りで、本場の活気が味わえる。料理は基本的にマニュアルをベースにしたオペレーションで提供され、簡単に言うとファストフードハンバーガーの食材の質と量をシンプルにランクアップさせたようなもの。ハンバーガーメニューは単品で1500円前後。ロックを聴きながら料理を楽しめる「ハードロックカフェ」や健康的なお色気が売りの女性スタッフがサービスを行うカジュアルアメリカンダイニング＆スポーツバー「フーターズ」など、特定のコンセプトを持った店も多い。

代表的なもの

- **ハードロックカフェ**
- **TGIフライデーズ**
- **フーターズ**

ハードロックカフェ

写真：HAMBURGER STREET

⑥ ホテルダイニングのハンバーガー

昔から、海外からの顧客が多いシティホテルには、ハンバーガーやクラブハウスサンドなど定番のアメリカンスタイルの料理がメニューに載っているダイニングがラインナップされていることが多い。ホテルダイニングという場所柄、ハンバーガー単品はだいたい2000～4000円で、ハンバーガーメニューとしてはもっとも高価格帯にある。特徴は、調理技術のあるレストランシェフが高級な食材を使って作る高品質な商品であること。ホテルのベーカリーで焼き上げたバンズ、ブランド和牛を使用したミートパティなどをシェフが趣向を凝らして組み上げていくと、食材同士はケンカをせず、見事にすべてプラスに作用して、いわゆる“足し算”のおいしさが表現されることが多い。

代表的なもの

- トレーダーヴィックス 東京（ホテルニューオータニ 東京）
- パークサイドダイナー（帝国ホテル）
- オーク ドア（グランド ハイアット 東京）

オーク ドア

写真：東日本ハンバーガー協会

⑦ 上陸系ステーキハウスのハンバーガー

2014年頃から、熟成肉の本場であるニューヨークより、熟成肉のステーキを看板メニューとする高級ステーキハウスが日本に相次いで上陸した。各店、ランチタイムには熟成肉を使ったパティで作るハンバーガーがラインナップされていて、価格帯は1800〜3000円あたり。パティに使用している肉の部位などは明らかにされていないことがほとんどだが、ミートパティの品質も焼き上げ方も、専門店ならではの見事な仕上がりである。ステーキハウスの場合は、どの料理でも「肉」を主体に考えるので、ハンバーガーとしてのパーツのバランスや組み立てといったところは見どころではない。ある意味、「肉を食べるためのハンバーガー」という米国の昔ながらのスタイルの究極形かもしれない。

代表的なもの

- ベンジャミンステーキハウス
- ウルフギャング・ステーキハウス
- エンパイアステーキハウス
- BLTステーキ
- ピーター・ルーガー・ステーキハウス

ウルフギャング・ステーキハウス

写真：HAMBURGER STREET

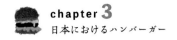

⑧ グルメバーガー

2005年前後から、日本で独自に発生してきたハンバーガーのジャンル。詳しくは第4章で説明するのでざっくり言うと、大手企業ではなく個人資本による経営のハンバーガー専門店であり、料理経験者やハンバーガー店で修業した店主自らが基本的な食材を自家製で仕込んでオペレーションまで携わり、自分の責任の下に魂を込めて一つ一つのハンバーガーを提供するスタイルの店。現状、東京に店が集まっているが、近年は地方で独立する人も増え全国的な広がりを見せている。店主たちは「ビルド」（詳しくは157頁）という概念の下、食材の質だけでなくパーツを積み重ねる順番なども考慮に入れてハンバーガーを構成。各パーツが口の中で混じり合い、「口中調味」によって味のハーモニーを引き起こし、口の中で完成する食べ物であるという考えを持つ。

代表的なもの

- No.18
- クルズ バーガーズ&クラフトビアーズ
- フォーク バーガーズ&ビアーズ
- ジャック37バーガー
- ニック&レネイ
- ICON

No.18

ジャック37バーガー

「ファストフードハンバーガー」とは

さて、ここでファストフードハンバーガーについてより詳しく説明しよう。ファストフードハンバーガーとは、簡単に言うと**大手チェーン企業が運営・展開**しているグローバル、もしくはナショナルブランドの店舗で、**比較的低価格で注文からすぐに提供される**商品である。そもそもファストフードとは、「短時間で調理される、あるいは注文後の待ち時間が短い、すぐ食べられる手軽な食品や食事」を指す。専門性を持たないアルバイトスタッフを中心としたオペレーションを前提とし、事柄ごとに細かく設定されたマニュアルにそって運営、水平展開される。どの店舗においても、いつ誰が商品を提供しても、クオリティのブレがないのがチェーンストア型のファストフード店である。

ファストフードのシステム開発の裏側に高度な技術があることは、あまり従事した人がいないであろう割と特殊な専門職の元「中のヒト」としてつぶやいておきたい。ファストフードハンバーガーは一見すると、もとから「アルバイトスタッフでも作れる簡易な商品」であるように思える。しかし、その「調理・提供システム」を開発する領域がとても大変である。なぜなら、そもそも最初から簡易な構成・調理の商品を開発するわけではないからだ。実のところ、**レストランシェフが作ったクオリティの料理を〝デチューン〟**（対応力を高めたり、低コスト化したりする目的で性能を下げること）して価格やオペレーションとの落とし所を見つけるという形で商品を作っていく。自動車で言えば、F1マシンからなるべく精巧なミニチュアカーを作ろうとするようなものである。「トレーニングを受けた、ある一定のレベルのスキルがあるスタッフたちが、定められたマニュアルに基づいてオペレーションを行うと、設定したクオリティの商品がブレなくできあがる」。これがファストフード店の軸になる考え方であるが、これを先ほど話したデチューンした商品で実現するためには、**事前の周到なお膳立て、つまり強固なシステム**が必要である。具材の種類、ミートパティやソース、野菜類、それらをのせていく順番。さらに前提として、グリドル、保管庫などの機器類の温度や時間設定――。そういった細かい事項がマニュアル化されている。たとえば、ミートパティの焼成のオペレーションでは、以下が決め込まれている。

- ☑ **焼成スタート時のパティの芯温（冷凍庫もしくは冷蔵庫の設定温度）**
- ☑ **グリドルなどの加熱機器の設定温度**
- ☑ **グリドルなどの加熱機器にのせてからターンするまでの時間**
- ☑ **そこからリムーブをする（加熱機器から下ろす）までの時間**
- ☑ **トータルの焼成時間**
- ☑ **焼成後の芯温（HACCPに準じた75℃以上）**
- ☑ **ホールディングタイム（商品完成後の保管期限）の確認**

そして、先述の設定でブレなく焼けるように、原材料の段階から製品設計をし、専門工場にてミートパティを製造する。次の項目はその際に設定される事項の一例だ。

- **牛肉の原産国、使用部位、ケミカルリーン（化学試験の測定による赤身肉の含有率）**
- **パティの重量、厚さ、直径など**

ミートパティの厚みが一定でなかったり、赤身の含有比率がブレていたりするようでは、**ファストフードオペレーションの前提が崩れている。**それゆえ、ファストフードチェーンは、その前提をしっかりと標準化できる企業でしか運営展開できない。また、「すべてがしっかりと計算されてレギュレーションが設定されている」という前提があるため、全国津々浦々の店舗の不特定多数のアルバイトスタッフたちが、「マニュアルで決められた手順を完璧にこなす」ことで、「定めたゾーンのクオリティにピシャリと収まる」ように商品設計がなされている。仮に80点を設定点としたならば、**常に80点をピンポイントでめざす**のがファストフードチェーンだ。85点でも75点でもいけない。アルバイトスタッフ個人のスキルはプラスにもマイナスにも作用しない。変な話、「今日のはおいしい」「○○さんが作るとおいしい」といった話は御法度だ。

ちなみに、人気のハワイアンダイナーである「クア・アイナ」は、商品をグルメバーガーとカテゴライズしており、マスコミからもそう紹介されることが多く、マップでもクラフトバーガーの枠にあるが、「運営方法とオペレーション基準」だけで見るとファストフードのカテゴリーに入る。

「クラフトバーガー」とは

次に、筆者がハンバーガーの区分けの考え方として提案する**「クラフトバーガー」**について話そう。もちろんファストフード以外のすべてのハンバーガーが自動的にこの中に入るわけではない。ファストフード以外のハンバーガーの中で、次のポイントのいずれかを満たしたものを筆者はクラフトバーガーと呼んでいる。

- ☑ **ミートパティやバンズなど各パーツの素材、仕込方法、焼成、提供方法などのどれかもしくはすべてが〝その店ならでは〟であるもの**
- ☑ **使う野菜やトッピング類にストーリー性があるもの**
- ☑ **商品の提供方法が変わっていてハンバーガーという食べ物を楽しめる趣向になっているもの**
- ☑ **メニュー構成に一貫した独自のテーマがあり商品作りにも活かされているもの**

この「クラフトバーガー」という考え方を提案するに至るきっかけとして、一つの強烈な体験があった。もう20年近く前になるが、視察でニューヨークへ行った際に、世界最高峰のステーキハウスと言われる「ピーター・ルーガー・ステーキハウス」のハンバーガーを試食した。ハンバーガーはランチタイムのみの提供ではあったが、やはり専門店らしく「肉」を食べさせるシンプルなスタイル。おそらくステーキとして使われなかった部分の熟成肉を中心にしたミートパティを、添えてあるほかのパーツとともにバンズという〝可食容器〟に挟んで食べるという形だ。あえて誤解を恐れずに言えば、**ハンバーガーになる以前のスタイル**である。しかしこれが驚くほどすばらしく、当時まだ日本では一般的でなかった熟成肉に完全にノックアウトされた。もっとも、ミートパティがおいしかっただけなのであるが、何か突き抜けた部分を持つハンバーガーは、クラフトバーガーと呼び明確に区別したい。そう考えるに至った。

ピーター・ルーガー・ステーキハウス

2005年に米国・ニューヨークで筆者が視察の際に食べた、ピーター・ルーガーのハンバーガー。ハンバーガーとはいえ積み重ねられておらず、自分でバンズと一緒に食べる形。

なお、日本生まれのハンバーガーチェーン「the 3rd Burger」はベーシックメニューが1000円以下で全国100店舗体制をめざすファストフードチェーンでありながら、ミートパティもバンズも店内で作っているため商品の独自性があり、クラフトバーガーのポイントも満たしている珍しいブランドである。

〝ご当地バーガー〟という文化

日本各地のご当地バーガー

ウェブや雑誌で「ご当地バーガー」という言葉を見かけることがあるだろう。これにはごくざっくり言うと次のようなものがあり、複数のケースが混ざり合うものものある。

①その土地ならではの特産品やもともとご当地グルメであったものを、手軽に食べられるようにバーガースタイルにアレンジしたもの

②地方自治体などが地域活性化のために音頭をとって、新しい名物として一から生み出したもの

③「佐世保バーガー」のように、ハンバーガーが米国から伝わったという町の歴史に端を発し、複数の店舗がその名の下に商品を販売しているもの
④「ラッキーピエロ」など、単一のハンバーガー店の商品が町全体の名物となっているもの
⑤食以外の町の名物や観光資源、アニメやドラマのロケなどにあやかったコンセプトバーガー

いずれもその町の観光地はもとより、音楽フェスや食のイベント、道の駅などでは定番商品となっており、ご当地バーガーをテーマにしたグランプリも開催されている。旅のガイド本にも「ご当地グルメ」の扱いで掲載されているので、手っ取り早く地域を感じるには便利な食べ物かもしれない。

①は基本的には地域の特産物や名物料理をフィーチャーしているので、商品名を聞けば何をアピールしたいのかが一発でわかる仕組み。有名なところでは、淡路島たまねぎを主役にした**「あわじ島オニオンビーフバーガー」**（兵庫県淡路島）、名産のジャンボホタテを使った**「別海ジャンボホタテバーガー」**（北海道別海町）、紀州南高梅を丸ごと挟んだ**「まるごと!?紀州梅バーガー」**（和歌山県）などがある。中でも紀州梅バーガーは②のケースも兼ねており、和歌山県庁農

林水産部が県内の関連事業者を巻き込んで開発し、商標登録までしたものだ。ほかによく見かける定番は、**地元のブランド牛やブランド豚、その地で獲れるジビエの鹿**を使ったバーガー。深海魚の漁獲量が日本一の静岡・沼津港では、深海魚のメギスを使用した**「深海魚バーガー」**というものもある。全国的に見渡すと、「ノリで作っちゃいました」的商品や、バーガーと言えどスイーツ寄りの商品も散見され、多少の温度差はあるものの、中には「本気の料理」もあるので楽しんでみてほしい。

②は地域の食材や特産品をアピールし、観光客を呼び込むことなどを目的として、**地方自治体などが新しく生み出したもの**。商品を官民共同で開発するほか、「○

別海ジャンボホタテバーガー

あわじ島オニオンビーフバーガー

深海魚バーガー

まるごと!?紀州梅バーガー

○バーガー」の名称をつけることができる何らかのルールを設けて認定商品を該当地域の店舗から募る形が多い。定義と言ってはちょっと大げさではあるが、よく見られるルールは**「地元食材を使用していること」「地元食材を表示していること」「"健康的なイメージ"（とくに条件はないが）をアピールすること」「該当地域内で販売されていること」**など。たとえば、2007年に三重県の鳥羽市商工観光課観光戦略室と地元飲食店が官民共同で生み出した「とばーがー」などがある。とばーがーを名乗るには「パティに地元産の食材を使用していること」「注文を受けてから作ること」「鳥羽市内で販売されていること」が条件で、三重県鳥羽市内の各飲

鳥羽のご当地バーガー「とばーがー」マップ

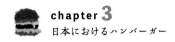

食店で展開されている。

③は長崎県佐世保市の**佐世保バーガー**や神奈川県横須賀市の**「ヨコスカネイビーバーガー」**など。中でも全国区で有名な佐世保バーガーは、市内の店で提供される「手作りで」「注文に応じて作り始める」ハンバーガーの総称。**逆に言うと決まったスタイルや食材はなく、**ご当地グルメの一種としておのおのの店が展開している。佐世保は81頁で書いたように、1950年前後、米海軍関係者よりハンバーガーのレシピが伝わり広まったとされる場所。ハンバーガー自体は市民に長く親しまれてきたが、「佐世保バーガー」として地域を挙げてブランド化に動き出したのは1993年からだ。2007年には、市や観光業界などの後押しで「佐世保バーガー認定制度」が創設された。審査項目は「コンセプト」「独自性・主体性」「信頼性」「地産地消」「将来性」の五つで、現在の認定店舗は市

佐世保バーガーの一例

内二十数店。認定店にはやなせたかし氏デザインのマスコットキャラクター「佐世保バーガーボーイ」「させぼのボコちゃん」が掲げられている。2019年には地域団体商標に登録された。

④は**「ラッキーピエロ」**（北海道函館市）が一番の好例。ラッキーピエロは、有限会社ラッキーピエログループが、北海道函館市を中心とした道南地区で17店舗を展開するファストフードチェーンだ。1987年6月創業で、愛称は「ラッピ」。メニューはハンバーガーが中心だが、カレーやスイーツなども展開。一番人気のメニューは、鶏の唐揚げに中華風の甘辛いタレをからめた**「チャイニーズチキンバーガー」**である。こだわりの地元の食材を使用し、地元民のソウルフードであるのみならず、観光客にも大人気となっている。

ラッキーピエロの本店とチャイニーズチキンバーガー

⑤は、**町の観光資源を活かすコンセプトありき**で作られたもので、期間限定で展開される商品も多い。恐竜化石の宝庫として有名な福井県には恐竜の足型を模したバンズを使ったバーガーや、ティラノサウルスをイメージして作られたバーガーなどが見られた。背の高かった坂本龍馬にちなんで名付けられた高知のご当地バーガー「龍馬バーガー」や、青森県三沢市ゆかりの詩人・劇作家の寺山修司が昔食べていたとされる食材で構成した「テラヤマBURGER」などなど。「ご当地バーガー」というコンテンツのキャッチーさがうかがえる。

日本の有名なハンバーガーフェスティバル・チャンピオンシップ

かつて日本で2000年代後半にご当地B級グルメブームが起こり、「富士宮やきそば」などご当地グルメが大ブレークした実績もあってか、**〝ご当地〟をテーマにした全国規**

恐竜バーガー

模のハンバーガーフェスティバルも生まれた。代表的なものは、2009〜2018年に開催されていた鳥取県の**「とっとりバーガーフェスタ」**で、日本のハンバーガーフェスティバルのパイオニアである。これは鳥取県西部の大山周辺の伯耆町、大山町、江府町と鳥取県の共催で官民が連携し、開催されていた日本最大規模のご当地バーガーの祭典。メインイベントとして「全国ご当地バーガーグランプリ」が開催され、グランプリ受賞作である前述の「あわじ島オニオンビーフバーガー」「別海ジャンボホタテバーガー」「まるごと⁉紀州梅バーガー」などを始め、数々の人気作を生み出した。最盛期には**県内外から60店舗、約6万5000人の来場者**を集めるほどの大イベントとなったが、補助金の減額や運営人材確保の難しさもあり、第10回の2018年を節目に終了した。

ご当地がテーマではないが、商業施設が主催し2014年に始まった**「六本木グルメバーガーグランプリ」**も注目

「六本木グルメバーガーグランプリ2022」のイベント広告

を浴びている。これは東京・六本木ヒルズエリア内の飲食店が参加して毎年7〜8月にかけて開催されるもの。当イベントのためだけに考案する「特別限定メニュー」部門と、各店舗で通常のグランドメニューとして提供する「レギュラーメニュー」部門に分かれ、六本木ヒルズのナンバー1バーガーの座を競う。**ハンバーガー専門店以外の飲食店の参加**が多いため、商品にいろいろなアイデアが散りばめられていて興味深い。

また、近年は**アメリカンカルチャーを発信する月刊誌『Lightning』**が開く**「ハンバーガーフェス」**も人気を集めている。これは2022年から横浜赤レンガ倉庫や東京・お台場で行われているもので、2023年は20店近くのハンバーガー店を含む30店以上がブースを構えた。全国から独自のハンバーガースタイルを追求した強者が集まるのが魅力である。

加えて、米国で開催されている、料理をスポーツのように楽しむ競技会「World Food Championships」のハンバーガー部門の公式日本予選大会、**「JAPAN BURGER CHAMPIONSHIP」**も2022年に初開催された。これは制限時間、使用食材、調理設備やチーム編成など、あらかじめ決まったルールの中でハンバーガーを作り、技術と味を競う大会。「世界に挑む！ジャパニーズバーガーの祭典」がキャッチコピーとして謳われている。2022年（全8店出場）は「ショーグンバーガー」、2023年（全12店出場）は「Burger Big Bang. pj」が優勝している。会期中は全国のハンバーガー店のブースが出店され、飲食・観戦の両方を楽しむことができる。

誰か、本当の〝ご当地バーガー〟を作ってみない？

ご当地バーガーは多少のお祭り性もあって、本書で提唱するような技術や料理としてのおいしさを追求することが最優先事項ではない。しかし、少し視点を変えれば、ご当地バーガーを生みうるような日本全国各地の食材生産地は、**ハンバーガーを構成する食材の宝庫**であることに気がつく。牛肉、小麦、野菜、ベーコン（豚肉）、チーズ、卵……。こう書くと、ある意味ありふれた食材に見えてしまうが、それらを「すべて」地元産でまかなったご当地バーガーは、筆者はまだ見たことがない。つまり、提案したいのは、**「すべて、その地域の生産物で構成されたハンバーガー」**である。

まず牛肉。**ブランド牛は全国津々浦々、大抵どこにでもあるものだ**。ハンバーガーには、なにも品評会で賞をとるような牛や、A5等級になる高級な牛肉が必要なわけではない。基本的には挽肉にするので脂肪の交雑の美しさなども関係ない。地元の牛の赤身がおいしければ赤身を、脂がおいしければ脂を活かすような使い方をすればよい。バンズも、**その地域で有力なベーカリー**に頼むことで地元産を誂える。ハンバーガー構成の趣旨を理解して、「パン単体でおいしいもの」ではなく、「ハンバーガーのバンズとしておいしいもの」を開発してくれる優れた感覚を持ったパン職人は必ずいるはずだ。その地域が小麦自体の産地であればなおよい。野菜は主にレタス、タマネギ、トマトだが、**手に入れやすい品目**なので、露地栽培に加えてハウス栽培も織り交ぜながら、年間を通して可能な限り地場のものを使用する。そしてソース類は、〝**その地域が得意な食材**〟で仕込もう。卵が名産なら自家製タルタルソース、トマトがとれるなら自家製ケチャップなど、市販品を可能な限り地元の食材で作る自家製品に置き換えていく。さらにトッピングは、**地域のスペシャリストたちのバラエティの活かしどころ**である。ブランド豚が生産されているなら地元のシャルキュトリーに頼んでベーコンを仕込んでもらう。地元にチーズ工房があるならそこのチーズを仕入れる。そのように一つ一つ食材を集めることは、大変ではあるだろうが、決して不可能ではないはずだ。

筆者がこれまで見てきたご当地バーガーは、地域の名産品をキャッチーに取り込むスタイルのものが多かった。言い換えると、その**名産品の力と「〇〇バーガー」という名前**だけで売っているようなものだ。そこに逃げる道は断ち、いつも目の前に当たり前のようにある地元の食材を活かした「派手さはないけどおいしい」ハンバーガーが出てきてくれると嬉しい。高校野球にたとえるならば、地元の県立高校が、留学生やほかの地域からの強豪選手の力を借りず、地元出身の高校生だけで甲子園に臨むようなものだ。地域の結束を高めることにもつながり、本当の意味でのご当地バーガーが生まれるだろう。

世界のご当地バーガー

番外編として、世界各地ならではのご当地バーガーにも触れておこう。これは世界各地に店舗を持つグローバルなハンバーガー店あるいはハンバーガーをメニューに持つレストランの、地域限定メニューのことだ。たとえば世界70ヵ国以上の国の主要都市に店舗を展開するアメリカンダイナー「ハードロックカフェ」は、その国、その都市の店舗のみの **"ご当地バーガー" をプロモーション販売**している。例は挙げるときりがないが、たとえば米国・ハワイの「アロハ・バーガー」（パティとともにワカモレ、スパム、パイナップルなどを挟む）、イギリスの朝食をイメージして仕立てたロンドンの「イングリッシュ・ブレックファースト・バーガー」（パティとともにグリルしたハム、ソーセージ、フライドエッグを挟む）、シンガポールの屋台料理の定番「サテー」風の「サテー・バーガー」（パティにピーナッツソース、キュウリ、ルッコラ、シラチャーマヨネーズなどを合わせる）などなど。

マクドナルドも世界各国に展開しているが、やはり当該国限定のご当地バーガーを販売している。日本では**「てりやきマックバーガー」「えびフィレオ」**などのほか、各種期間限定メニューも日本限定であることが多い。なお、マクドナルドが各国限定メニューを展開するようになったのは、**日本のてりやきマックバーガーの成功**が大きいという。以下は、日本マクドナルドのウェブサイトからの引用である。

（てりやきマックバーガーは）１９８９年3月に期間限定で販売が始まるやいなや、たちまち大人気商品に。多くのお客様からの熱烈な声に推され、わずか2ヵ月後には、バーガー類では初の日本限定レギュラーメニューとなりました。そしてこの「てりやきマックバーガー」の大成功は、マクドナルドの世界的な経営戦略にも影響を及ぼします。それまでマクドナルドのメニューは世界中どこでも同じというルールだったのですが、これを機にヨーロッパやアジアなど各国で、現地の食文化に合わせた商品開発が進められるようになったのです。

たとえばインドのマクドナルドでは、ヒンドゥー教徒に配慮して牛を使っていない。その代わり、鶏肉をパティに使った商品や、ベジタリアンやヴィーガンでも食べられるジャガイモや豆類などの野菜類を使ってパティ風にした商品などが販売されている。そのほか、牛肉の産地として有名なオーストラリアでは、オーストラリア産牛肉を１００％使用し、ビーツやオニオンリングを合わせた「オージー・アンガス・バーガー」などが人気メニューだ。

chapter 3
日本におけるハンバーガー

chapter

4

〝グルメバーガー〟とその技術論

グルメバーガーとは何か？

この言葉の始まり

「グルメバーガー」という言葉が、一般的に使われるようになって久しい。この表現が使われ始めたのは2000年代後半だが、それ以来ずっと枕詞のようにつきまとってきたのが**「1000円以上する高級なハンバーガー」**という説明だ。これが、今も昔もグルメバーガーに対する世間やマスメディアのおおよその理解だと思う。しかし近年は、ファストフードハンバーガーであっても、米国から上陸したチェーンなどの商品は1000円以上することが珍しくなくなってきた。また、多様なハンバーガー店が上陸・誕生する中で、**何でもかんでもグルメバーガーと呼ばれている節**もある。そこで、今一度グルメバーガーについて〝情報の交通整理〟をしたい気持ちでいっぱいである。

グルメバーガーとは何か、という話をする前に、グルメバーガーという言葉の始まりについての話をしたい。「グルメバーガー」は、一般的な辞書には載っていない、ある時点から**日本のハンバーガー業界で使われ始めた造語**である。いつ、どうやってこの言葉が生まれたのか、古くからのハンバーガーブロガーや業界の面々に取材を重ねたところ、2007年前後のイノウエシンゴ氏の発言がきっかけになっている、という答えで満場一致している。

イノウエ氏は、ブログ「ハンバーガーブログ（旧palog）」を運営している、〝**ハンバーガー専門の食べ歩きブロガー**〟**のパイオニア**の1人。同様にブログ「HAMBURGER STREET」を運営し、同名のハンバーガー専門誌を自主出版したハンバーガー探究家・松原好秀氏や、ハンバーガーや写真に関するブログ「w-iceのチラシの裏」を運営するw-ice氏とともに、2000年代中頃からハンバーガー情報を伝えてきた人物だ。そのイノウエ氏によると、ブログでの発信によってメディアへの登場が増えてきた際に、あるテレビ番組で、氏が自身の著作のタイトルにも冠した「リッチバーガー」とは何か聞かれ、**「そうですね……グルメバーガーとでも言いますかねぇ……」**と答えたのが最初ではないかとのこと。もっとも、ここで初めてグルメバーガーという言葉が出たように見えるが、事前の打ち合わせからこの言葉は生まれていて、それが台本に載り、その台本通りイノウエ氏が発言したという流れのようだ。

思い起こせば2000年代後半は〝グルメ〟という言葉がよく使われていたように思う。「○○グルメガイド」という本がよく出ていたし、2005年に生まれた「食べログ」に代表される「グルメサイト」が誕生し、テレビでは「グルメ番組」が大人気だった。もとはフランス語である「グルメ」は本来食通や美食家を表す言葉だが、「おいしい料理」というニュアンスで、食に関連するどんな事柄にでも「グルメ」という言葉がつけられていた。そんな時代において「値段も高いがクオリティも高い、おいしいハンバーガー」はまさにグルメとつけてしかるべきであり、テレビ側もハンバーガー関係者の口から**「グルメバーガー」という新しい呼び名**を引き出したかったのであろう。当時、コレといって決まった呼び名がない存在だった「ファストフードとは違うハイクオリティなハンバーガー」

『リッチリッチバーガーズ〜ハンバーガーを食べまくるハンバーガー日記〜』（洋泉社、2007年）

イノウエシンゴ氏の著作。素材にこだわり、注文を受けてから焼き上げる、ファーストフードのハンバーガーとは違う店が当時急増していたことを受けて、そんな店を食べ歩いていたイノウエ氏がまとめたハンバーガー店のガイドブックだ。

は、以後仮の言葉としてグルメバーガーと呼ばれ始め、不思議と取って代わる表現がないまま現在に至る。

筆者調べだが、「グルメバーガー」の文字が本や雑誌記事の中にポツポツと載るようになったのが２００７年。しかし、当時は「グルメなハンバーガー」といったように**グルメが形容詞的な表現として使われる**ことが多く、「グルメバーガー」という何か固定の意味を持った言葉としては使われていなかった。当時「グルメなハンバーガー」と似たような言葉として使われていたのは「大人のハンバーガー」「こだわりハンバーガー」「高級バーガー」「ジャンクフードでないハンバーガー」などである。ではグルメバーガーという言葉が言葉として成り立ったのはいつ頃か？　この頃ハンバーガー関連の情報をリードしていた、当時枻出版社が出していた**『別冊Lightning』というムックシリーズ**の表題を見てみると、２００９年「ハンバーガーの本」、２００８年「ハンバーガーブック」と続き、２０１０年に「決定版！グルメバーガー大図鑑」となってい

決定版！グルメバーガー大図鑑（枻出版社、2010年）

2010年7月に発売されたムック。2007年頃にグルメバーガーという言葉が生まれ、そこから3年で言葉として浸透していることがうかがえる。

る。おおよそ2010年の時点までにグルメバーガーという名称は確立し、世間からのオーソライズを得ていたとみてよいと考える。

グルメバーガーの定義

ではようやく、グルメバーガーとは何か？　という話である。グルメバーガーという名前が生まれる以前から存在し、今も続々と誕生し続けている「値段も高いがクオリティも高い、おいしいハンバーガー」たち。これらを運営形態、業態、オペレーション、商品デザインなどの面から見ていくと、**グルメバーガーというものをもっと細かく定義できるはず**だと筆者は考える。

第1章の冒頭で、「定義」という言葉の考え方について触れた。つまりは「共通認識」であるということだ。現状、「グルメバーガー」がどのように世の中に認識されているかというと、「1000円以上する高級ハンバーガー」「ファストフード店以外で出てくるハンバーガー」「こだわった高品質な食材を使ったハンバーガー」「ボリューミーで、プレートにのって出てくるハンバーガー」などだろうか。しかし、これらもグルメバーガーの本質を言い表していない。第3章の「ポジショニングマップ」（115頁）をもう一度ご覧いただきたいのだが、ハンバーガーを提供する店は業態によってさまざまに分けられ、価格帯単体だけでハンバーガーを定義したり、ファストフード以外のハンバーガーをすべてグルメバーガーと呼んだりするのは無理がある。そこで、**これを「共**

通認識」にしたいという提案を込めて、グルメバーガーを次のように定義したい。

グルメバーガーとは、大手企業ではなく「個人の資本による経営」の「ハンバーガー専門店」で、「料理経験者やハンバーガー店で修業を積んだ店主」が、意識下・無意識下に関わらず「ビルドの順序と味の構成に意図を持って商品設計・デザイン」を行い、自ら基本のパーツを「自家製」で仕込み、「提供時のオペレーション」にまで携わり、「自分の責任の下」に商品1点1点を提供するスタイルをとる店のハンバーガーである。

第3章で説明したグルメバーガーの黎明期に「GORO'S★DINER」を開店し、グルメバーガー界のパイオニアの1人とも目される吉澤氏は、「店主である俺たちが考えたスタイルで食べてくれ、それがいやなら食べるな！」という心意気でハンバーガーを提供していたという。**店主に自分のめざす理想のハンバーガーがあり、その「作り手の趣向」をお客側が受け取って味わう**。これを店で実現しているものがグルメバーガーだと思う。それを実現するためには、個人の資本による経営で、店主に技術や商品設計力があり、提供する商品を運営企業やほかのスタッフではなく自分の責任下に置く必要がある。そして、グルメバーガーは、店主が自らのベストだと考える味を表現しているため、**提供されたその時点が完成形**。そこからお客側がカスタマイズを加えるものではない。極端に言うと、お客が好きな量の市販のケチャップとマスタードをハンバーガーに加えて食べることを前提にしている店のハンバーガー、つまりお客の口に入る瞬間まで味のコントロールをしていないハンバーガーは、グルメバーガーから外れると筆者は考える。ちなみに米国のハンバーガー発祥説の一つとして登場したコネチカット州ニューヘイブンの「ルイス・ランチ」には、**「THIS IS NOT BURGER KING: YOU DON'T GET IT YOUR WAY. YOU TAKE IT MY WAY, OR YOU DON'T GET THE DAMN THING.」**というメッセージが掲げられている。意訳だが「ここはバーガーキングじゃねぇ、お前の食べ方じゃなくてウチのスタイルで食え！　嫌なら食うな！」といった感じ。米国にグルメバーガーというジャンルは存在しないが、ある意味、これがグルメバーガーを提供する側のスタンスの核心を示していると言えるだろう。店主の「このように食べてほしい」という思いが商品1点1点に込められたものがグルメバーガーで、作業的に作られたものはどんなに価格が高かろうがほかのグルメバーガーと見た目が近かろうが、グルメバーガーではない。

グルメバーガーが生まれる条件

先に述べたグルメバーガーの定義の中に、「個人の資本による経営」という部分がある。これは、チェーンストア企業の運営する店舗では、**グルメバーガーと呼べる商品を提供できる状況が作り出されていない**ことからの絞り込みである。ハンバーガーチェーンが自社ウェブサイトで自社商品を「グルメバーガー」とカテゴライズしているケースも多く見られるが、ハンバーガーが提供されるオペレーションを考えると、グルメバーガーとは異なるのではないかと思う。

企業が経営するファストフードチェーンの世界においては、決められたマニュアルを誰もがしっかりと守ってオペレーションを行うこと、つまり**「ブレのない世界」が正義**である。これはこれで一つのすばらしいビジネスのスタイルである。対して、ハンバーガーの中でもグルメバーガーと呼ばれてきたものは、ブレがないことを最上としない。毎日のオペレーションの中に**いい意味の〝ゆらぎ〟**を含むことができる。つまり、「今日の原材料の牛肉の塊はこのような状態だから、こんなふうに仕込んで、こんなふうに焼いてお出ししてみよう」といった、食材の性質を理解し、それを活かす技術と創造性——筆者は〝クラフト性〟と呼んでいる——が存分に発揮される世界だ。もちろん店主もしくは店主に準ずるスタッフに食材を扱う知識があり、食材の状態を正確に把握して、臨機応変にオペレーションをコントロールできる技術を持っていることがベースとなる。たとえば、鮮度が高くサシが少ない牛肉の赤身部位が手に入った場合は「パティをいつもより少しレア気味に焼き上げてみよう」とか、熟成がほどよく進んでいる牛肉で作るパティの場合には「熟成による風味があるから気持ちスパイスをきかせてみよう」とか、決まったマニュアルがないからこそ、**その日の素材を一番おいしく食べられる状態**で提供することができる。ファストフードハンバーガーを成り立たせている肝がオペレーションシステムなら、グルメバーガーがグルメバーガーとなりうる肝は間違いなく作り手の技術と経験とセンスである。

では、企業が運営しているけれども、チェーン化していない店の場合はどうだろうか？　まず、運営企業の社員としてハンバーガー店に勤める店長・料理長職と、自ら経営のリスクを背負った個人店主とでは、**商品開発や食材選択の自由度と姿勢**が違う。企業店の場合は、店長・料理長とはいえ商品開発や食材選択の自由度は低く、自分の思い描くハンバーガーの姿があるとしても実現は難しい。また、商品にかける覚悟が企業店と個人店で違うのも想像がつくだろう。もちろん、企業店の場合、売上目標の達成状況を厳しく管理されたりＦＬコストを下げるよう本部から詰められたりするのは、地獄のような苦痛である。しかし仮に損金が出たとしてもその金額を肩代わりさせられるということはない。個人店は自らが経営リスクを負うため、必然的に商品への思い入れが強くなり、より「おいしさ」に向けて研鑽を重ねることになる。筆者と吉澤氏は、この両方の道を通り、失敗を重ねてきたからこそ、**企業が「グルメバーガー」を作るのはかなり難しい**と断言できる。

ただ、これに反する例外がある。ジェイアール東日本フードビジネス株式会社（現・株式会社ＪＲ東日本クロスステーション フーズカンパニー）が、「ベッカーズ」のハイグレード店と位置付けて開発した「ザ ビート ダイナー」（東京・有楽町に２００９年オープン、２０１４年に移転後、閉店。２０２０年に東京駅構内のグランスタ東京に再オープン）だ。ハンバーガー業界の関係者やハンバーガーブロガーたちに**「企業が作った初のグルメバーガー店」**と評価されたこの店は、実は筆者も立ち上げに携わっている。なぜこの店が企業運営店でありながらグルメバーガー店と言えるかというと、まず、**調理技術と心意気を持った店長が店主のような存在**となってくれ、食材の状態を把握しながら一つ一つのハンバーガーを作り、提供してくれていたことが大きい。また、ミートパティの仕込みの初期段階のみを特注してアウトソーシングに置き換えた以外は、通常の**個人経営店と同様の作業**を行ってハンバーガーを作っている。アウトソーシングに置き換えたというのは、通常、原材料の肉を挽肉で仕入れて店舗でパティを製造する場合は、店で計量後に型に充填してパティのフォルムに成型するのが一般的である。しかしザ ビート ダイナーでは、計量済みの個別包装の肉ダネを仕入れ

ザ ビート ダイナー

有楽町にあった時の店舗と、当時提供されていた「ザ・ビートバーガー」。グルメバーガーと言えるクオリティを実現するために、ネックとなるのは核となる人材だが、このプロジェクトでは、非常に幸運なことに職人の技術と心意気を持った実力のある店長に恵まれた。

写真：横須賀健

るという形にしたという意味だ。

グルメバーガーは日本独自のものである

2005年前後に、のちにグルメバーガーと呼ばれるようになる「これまでとは違う、ちょっと高くておいしいハンバーガー」が登場したのは、**日本に限った出来事**である。ハンバーガーの母国である米国に、そういった流れや、グルメバーガーという言葉はない。また、それら日本に登場してきたハンバーガーは、米国のハンバーガーの主流のスタイルである、とにかく肉、つまりミートパティだけを偏重するハンバーガーとは明らかに違った。もちろん主役である肉を楽しむ肉料理ではあるものの、そのほかの**一つ一つのパーツと肉とのハーモニー**が綿密に考えられている。パーツだけではない。グルメバーガーが登場する前、バンズは、**パーツ類を挟んで食べるための"可食容器"**としての役割が大きかった。しかし各グルメバーガー店はバンズにより大きな役割を求め、味や食感の理想を追求している。

そもそもハンバーガーという食べ物は、すべてのパーツが重ねて並べられていて（あるいはお客自身が重ねる形で）、**かぶりつくことによって口の中で混じり合い、初めて味として成り立つ**。バンズだけ、ミートパティだけ、レタスだけ、という食べ方をする人はいない。つまりこの料理の最終調理は、食べる人の口の中で行われる。それゆえ、パーツが口の中に入っていく順番や量で味や食感の感じ方が変わるという現象が起きる。グルメバーガーの定義に「意識下・無意識下に関わらずビルドの順序と味の構成に意図を持って商品設計・デザインを行う」という項目を入れたが、それまでのハンバーガーとは違い、グルメバーガーと呼ばれるものは、口に入った後にどのようなハーモニーが起きるかを想定してビルドと味の構成がなされていることが感じられるからだ。これまで筆者が取材してきたグルメバーガーの作り手たちも**「ハンバーガーは、各パーツが口の中で混じり合い、口の中で完成する食べ物」**だと口々に語っている。ビルドについては157頁で説明するが、**ハンバーガーのパーツの積み方、組み立て方**のことである。ハンバーガーという食べ物の目標点として「とにかく肉だけをおいしく食べさせる」「迅速なオペレーションでいつでもどこでも同じハンバーガーを提供する」ではなく、「全体の味のハーモニーを重視してパーツを考え、ビルドを行い、料理としての完成度を高める」という考え方が生まれたのは、**グルメバーガー以降**だと筆者は考える。もちろん、グルメバーガーにも何よりも肉をおいしく食べさせることを目的とするものはあるが、その場合もバンズやほかのパーツの選択に明確な意図がある。

そしてその考えの下に作られたハンバーガーが、「これまでのハンバーガーよりもおいしい」「ファストフードハンバーガーとは何か違う」と消費者に受け入れられ、グルメバーガーという言葉が広まったのは、**日本人が日頃から「口中調味」を行っているから**ではないかと思う。口中調味（口内調味）は、白いご飯とおかずを食べる時に、白いご飯を口の中に入れ、それを追うようにおかずなどを口の中に入れることをくり返し、ご飯とおかずを交互に食べて口の中で咀嚼しながら混ぜ合わせて味わうこと。今はわからないが、筆者の時代はご飯、おかず、汁物を順序よく食べる「三角食べ」が学校給食で指導されていたので、口中調味も自然に身についてきた。エッセイストの玉村豊男氏は著書『食卓は学校である』（集英社新書、2010年）の中で、口内調味を「いっしょ食い」と称し、「欧米人はほぼ例外なく口内調味ができない」という考えを展開している。私たちが当然のように行っている食べ方は、実は日本人特有のものだ、というのである。

ハンバーガーの構成要素が口の中で混じり合

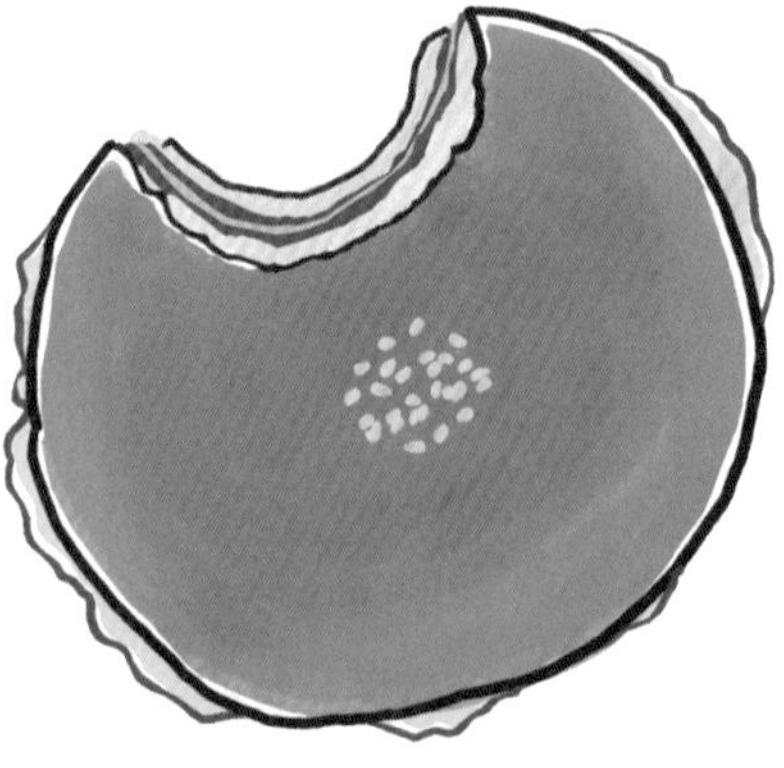

口中調味

ハンバーガーは、各パーツをバラバラにして食べるものではない。大きくかじりついていくつかのパーツが口に入った状態で、またかじりついて食べるという、口中調味を繰り返す食べ物だ。

い、口中調味によって味のハーモニーを引き起こす。そのハーモニーによって、食べ物がますますおいしくなっていることに気づく。これは、自然と口中調味を行っていると言われる**日本人ならではの感覚**ではないだろうか。また、だしを基調とした繊細な味つけに慣れており、味や食感の微妙な違いに気づきやすいというのも、「普通のハンバーガーより高いけどおいしい」という感覚を持つベースになっているのだとしたら。グルメバーガー文化とも言うべきものが発生する土壌が、日本には自然とできあがっていたということだ。ハンバーガーに関する海外の文献やウェブサイトを調べても、ハンバーガーにおける「味のハーモニー」という概念は見かけられない。多いのは、**ミートパティの豪快さをアピールすることをよし**とするもの。すべてではないにせよ、海外では、ハンバーガーは肉を味わう手段ととらえられていて、ほかのパーツも含めた「料理」だという考え方は薄いようだ。

ビルドとは?

グルメバーガーを支える「ビルド」という考え方

「ビルド」は、ハンバーガー作りに関わっている人なら、たまに使うかもしれない用語。ビルドという単語を使わず、単純に「積む」とか「積み」と表現している人の方が多いかもしれない。何のことはない、ハンバーガー作りの過程で、**パーツを順にのせて組み立てていく作業**のことである。ボリュームのあるハンバーガーでは、ヒール（カットされたバンズの下側）をベースとして、一つ一つのパーツを積み上げていき、最後にクラウン（カットされたバンズの上側）をのせて完成させるのが通例。ちなみにファストフードハンバーガー店ではこの工程を「ドレス」と表現することもある。筆者が言いたいのは、同じパーツでもビルドの順が違うと、味の感じ方がまったく変わるということだ。

本書を通してビルド、ビルドと言っているが、好きに積めばいいじゃないか？　使うパーツが同じなら、レシピは一緒、原価も一緒。味だって、口に入れてしまえば変わらないのでは？　それは当然、皆が思うことだと思う。筆者がかつてファストフードハンバーガーの商品開発担当だった時にも、ビルド順をめぐって、そのように考える社内の各部署としばしばもめたものだ。たとえば、店舗運営側とは作業の非効率さについて、広告宣伝部門とはビジュアル面についてである。商品開発側が「**ミートパティの下にレタスを配置**した方が肉とレタスが一緒に口に入り味のバランスがとれておいしく食べられる」と主張したのに対し、店舗運営側は「ほかの商品はだいたい**ミートパティの上にレタスを配置**するので、同じ積み方にした方がオペレーション上都合いい」と反対。また別件では、商品開発側は「**スライスしたタマネギの上にトマトを配置**した方がハンバー

レタスが上か、ミートパティが上か？

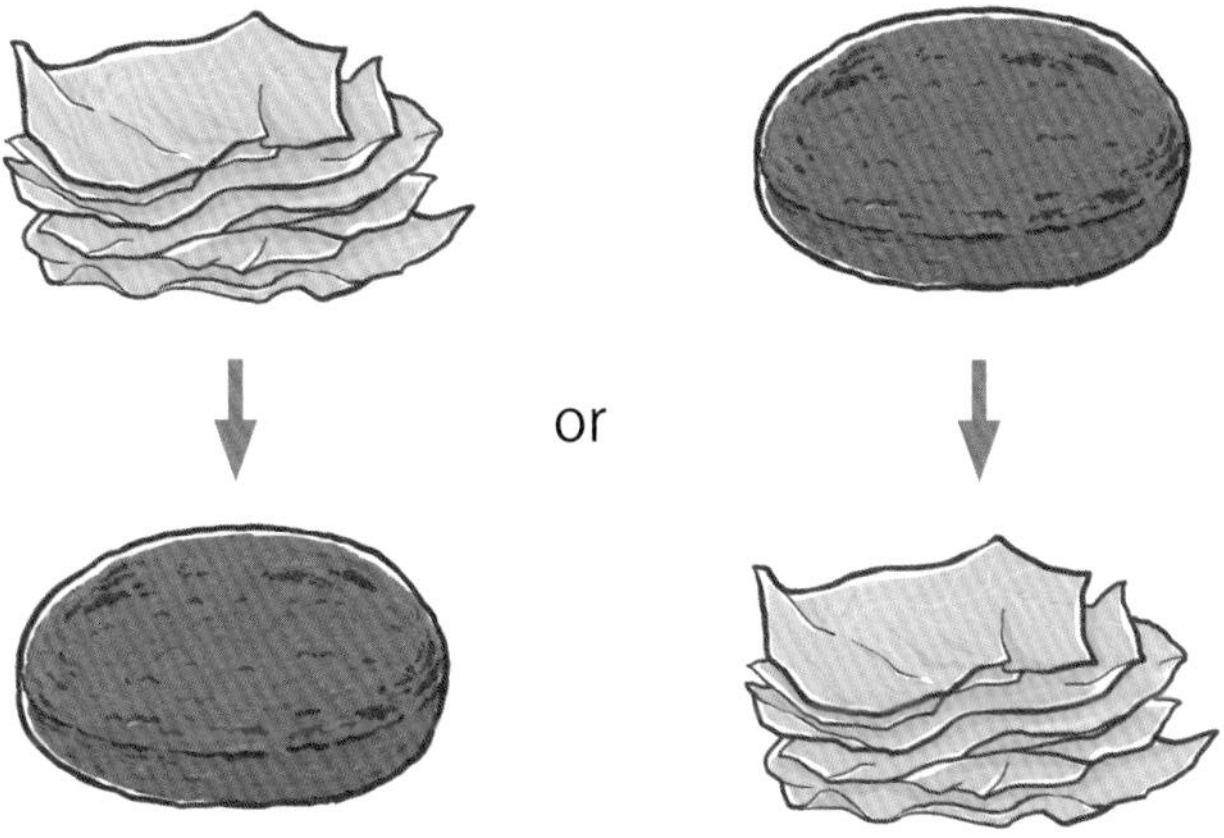

トマトが上か、タマネギが上か？

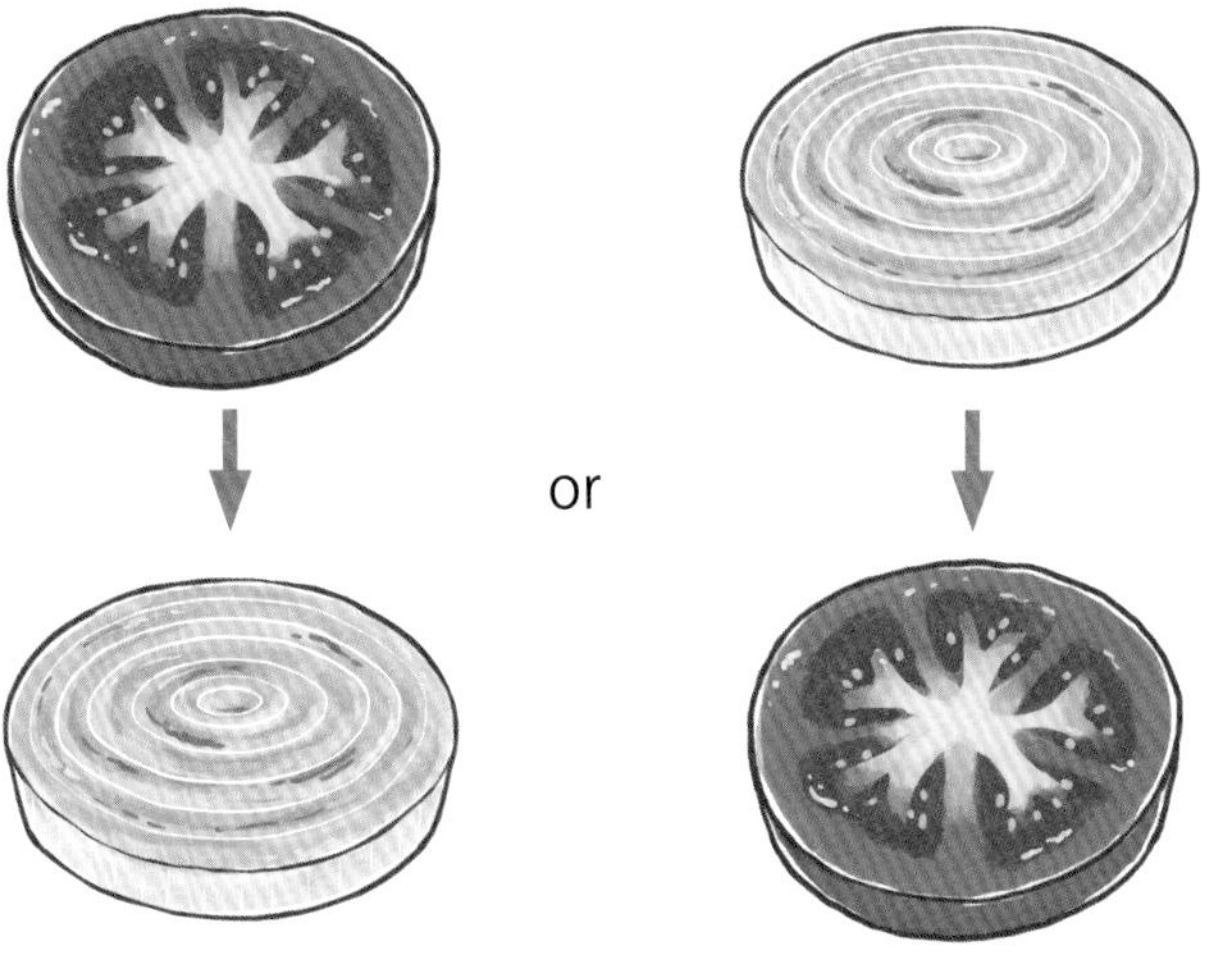

ガーの形状を維持しやすい」と考えるのに対し、広告宣伝部門は「**その逆**の方がビジュアル的に見映えがするので変更してほしい」との意見。商品開発者や作り手の独りよがりの部分もあるかもしれないが、食べ手に対するそれぞれのメッセージが込められているので、ビルド順はなかなか譲り難い部分だ。

ビルドの考え方で重要なことは、先ほども言ったように「**同じパーツでもビルドの順が違うと、味の感じ方がまったく変わる**」ということ。これは、ハンバーガー業界の中でも主にグルメバーガーで浸透している考えだが、まだまだこの視点を持つ人は少ないと思う。パーツが複数一緒に口に入った時の食感のリズムと味の混ざり方を考えて、どのような順番で、どのような量を積むのか決めれば、各要素が足し算ではなく、かけ算のおいしさを生む。また、上下に接するパーツの温度が相互に与える影響も考えて、積み方もしくは温度帯を変える。これは、ほかの料理ジャンルの皿の上の「料理」では当たり前に実践されていることだが、**ハンバーガーではその視点がないことがほとんど**である。それは先ほども書いたように、米国のハンバーガーは全体の味のハーモニーを重視することが少なく、肉を味わうことを最大の目的としているからだと思う。加えて、食材の繊細な味や食感、ハーモニーに気づくとともに、口中調味を日頃から自然に行っている人が多い日本で作るハンバーガーだからこそ、明確な意図や狙いを持ってビルドすることに大きな意味が出てくる。

余談ではあるが、２０１７年にＳＮＳ上で、**Googleが提供するチーズバーガーの絵文字が**大きな話題になったことがあった。何が話題になったかというと、ミートパティとチーズのビルド順についてである。当初は「ミートパティの下にチーズ」というビルド順だったのだが、ＳＮＳ上で指摘を受けて「ミートパティの上にチーズ」というビルド順に修正された。まあ、別に「間違い」ではないし、どうでもいいと言えばどうでもいい。ただしハンバーガー業界からすると、ビルド順に違和感があったことは確か。チーズをミートパティの上にのせて溶融させてミートパティになじませると、より一体感が出ておいしく仕上がるため、特別な意図がない限り、**「ミートパティの上にチーズ」の順で積むのが基本**だからだ。

ビルド順はハンバーガー職人からのメッセージ

ビルドの具体例について解説する前に、少し細かいところ

ハンバーガーの絵文字

2017年10月時のApple提供のハンバーガーの絵文字と、同時期のGoogle提供の絵文字。Googleの絵文字は、翌月には修正された。

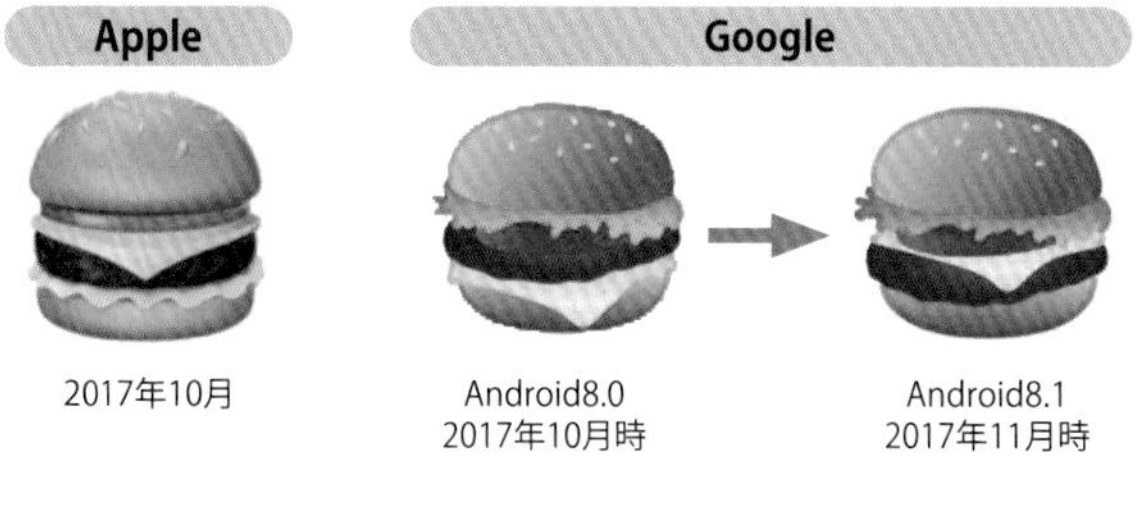

から入るが、ハンバーガーにおける味の構成の大切さについて。ファストフードハンバーガーだとケチャップやマヨネーズがこんもりと盛られていることも多いので、**ハンバーガーの〝味わいの繊細さ〟**を感じたことがある人は少ないのではないだろうか。そこで予備体験として、バンズとミートパティだけの極めてシンプルなタイプのハンバーガーを二つ作ってみてほしい。うち一つは、バンズのヒール（半分にカットしたバンズの下側）の断面にバターだけを塗ったもの。もう一つは、バターに加えてマヨネーズを薄く塗ったもの。これらを食べ比べると、その味わいのあまりの違いに驚くはずだ。ほんの数グラムのマヨネーズが入ることで、味に層ができて、油脂分のコクによる奥深さが増す。

ハンバーガーも、ほんのささいなことで味わいがまったく変わることがわかったところで、ビルド順の考え方について話そう。ハンバーガーは、バンズのクラウン（半分にカットした上側）とヒール（下側）でパーツを挟むのが基本であるが、とくに**主役のミートパティをどのタイミングで積むか**、つまりパティがハンバーガーの上側、中央、下側のどこに位置しているかが大きな違いを生む。通常ハンバーガーをかじる時は、一口目は下唇と下の歯をヒールの下側に当てて、全パーツ、もしくはハンバーガーが大きい場合は下半分ほどをかじる人が多いと思う。そのため、ヒールの次に積まれているものが、具材としては最初に下唇と下の歯、そして舌に触れることになる。そこで、たとえばミートパティの存在を大きくアピールしたい、**何よりもミートパティを食**

べさせたいという場合は、ヒールの次にミートパティを積むのが定石だ。バンズに歯が通った後に最初にミートパティが口の中に飛び込んでくる方が、肉の存在感と食感を感じられるからだ。また、下側に積まれているものは最初に舌に触れることが多いため、舌に真っ先に肉の味が伝わり、肉の印象を強く与えることができる。

一方、各パーツの味わいと食感のバランスがとれた構成を表現したい場合は、**ヒールの上にまずは野菜類を積み、その上にミートパティを積む**ケースが多い。味の淡い野菜が口に入ってから味や存在感の強い肉にたどりついたほうが、肉の味がマイルドに感じられ、それぞれの味の混じり合いをしっかり実感することができるからだ。どちらがいいという正解はないが、作り手がそのハンバーガーに込めた意図を知るには、ミートパティの位置は格好の判断材料である。

また、吉澤氏はミートパティの片面にスパイス（コショウ、カレーパウダー、ケイジャンスパイスなど）をふること

ビルドの違い

ミートパティ重視のハンバーガー

バランス重視のハンバーガー

があるが、ビルド時に**スパイス類をふった面を上面にするか下面にするか**でこれまた風味が大きく変わるという。簡単に言うとスパイスを感じるタイミングが違うということなのだが、下面の場合はかじった瞬間に舌に当たるのでスパイスの風味を強く感じパンチのある味わいになる。上面の場合は口に入れてから咀嚼している時に鼻に抜ける香りでスパイスを感じるので、ほかの食材やパーツとスパイスが混ざり合ってバランスがとれた風味となる。

チーズやソースなどの位置ももちろん重要。先ほど書いたようにミートパティの上にチーズという順だと、チーズがパティの上に溶けて一体感が出る。ソースも、ミートパティと一体化させたいのか、単体で強

スパイスが上か、ミートパティが上か？

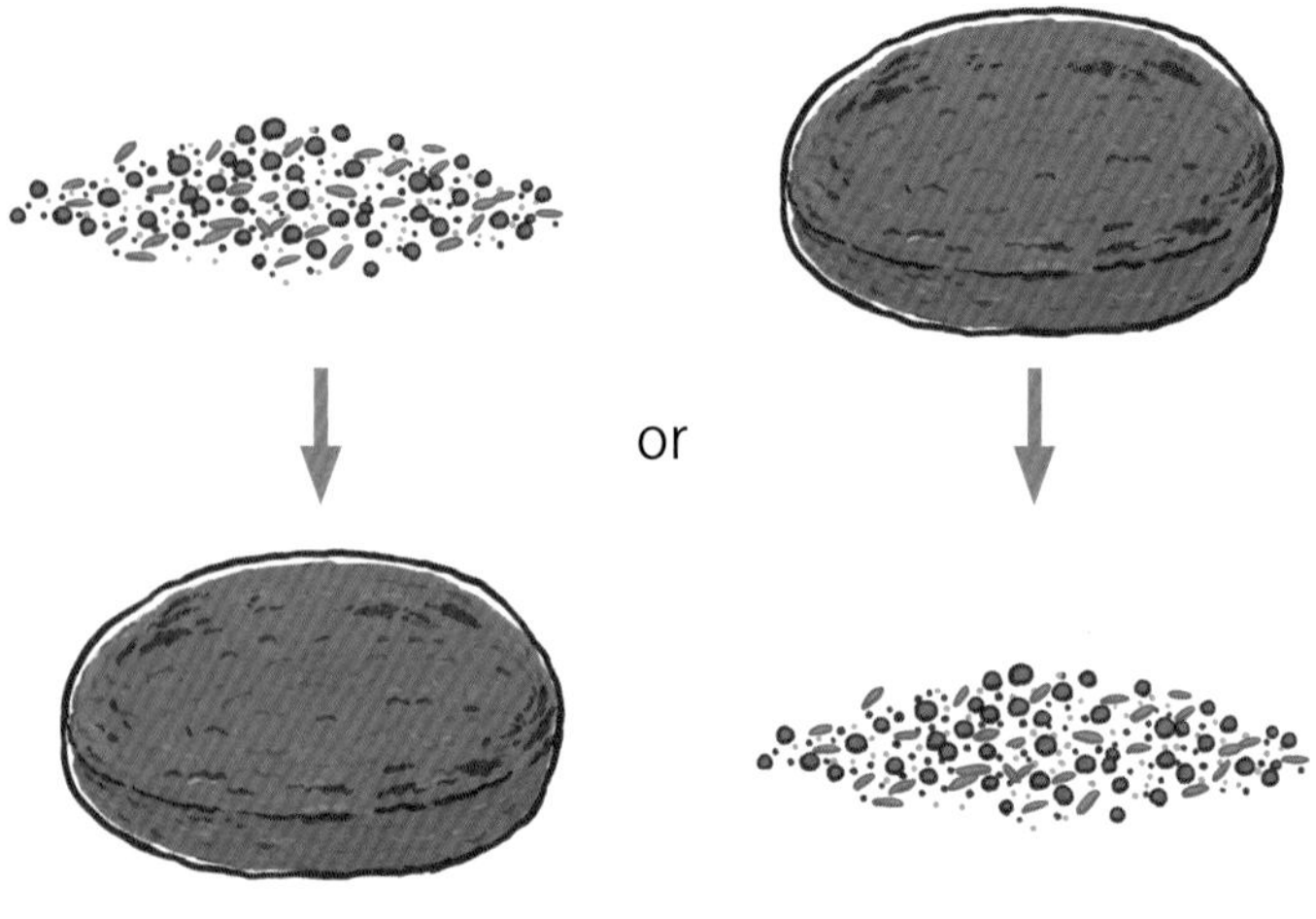

くその味を印象づけたいのか、全体をそのソースの味でまとめたいのかといった目的によって、入れる位置が変わってくる。「自身のハンバーガーで何を表現したいか」。それを実現できるのがビルドで、これを食べ手が理解することで、**作り手と食べ手の間で交わされる最高のキャッチボール**になるのだ。

ミートパティについての考察

ハンバーグはソリスト、ハンバーガーはバンドだ

ハンバーガーは、バンズさえあれば、通常の設備が整った飲食店なら手軽に提供できるメニューである。だからこそ、安易に作られたハンバーガーメニューも多く、悔しい思いを感じている。中でも、これだけは絶対やっちゃダメだろうと思うこと。それは、**ハンバーグをそのまま挟んでハンバーガーにすること**だ。ハンバーグ専門店や、ハンバーグをメニューに持つ飲食店のランチメニューで非常に多く見かける。

ハンバーグをバンズに挟めばハンバーガーになる、と認識している人は意外に多い。大手ファミリーレストラン「ガスト」でも、人気メニューの「チーズＩＮハンバーグ」を使った「ガストバー

ガー」を提供し、しばしば売り切れになるほどの人気を集めていた。これが「ガストサンド」や「ハンバーグサンドイッチ」というメニュー名だったならまったく問題がないのだが、バーガーと謳われてしまうと、**ハンバーグとハンバーガーのパティの違いは明らかにしておきたい！**という思いが疼く。本書での定義は次の通りだ。

ハンバーグ＝牛肉、豚肉などの合挽肉にみじん切りのタマネギやパン粉、卵などをつなぎとして入れた挽肉料理
ミートパティ＝牛肉１００％を原材料として、挽肉もしくはカットしたものを軽くまとめて円盤状に成型したもの

日本で一般的なメニューとなったハンバーグという料理の起源には諸説あるが、本書では第2章で紹介した米国の「ハンバーガー・ステーキ（ハンバーグ・ステーキ）」が戦前に日本に伝わり、パン粉や卵がつなぎとして用いられるようになったり、牛肉だけでなく合挽肉を使うことが多くなったりするなど日本で独自の進化を遂げ、洋食メニューとして根付いたものと考える。このハンバーグというメニューは、もちろん店にもよるが**それ単体で一つの料理として成り立つように**味や食感のバランスがとられたものである。対してハンバーガーのミートパティは、あくまで**バ**

ンズやほかのパーツと一緒に食べてこそおいしいもの。パーツの一つに徹するような作りだ。音楽でたとえると、ハンバーグはソロのアーティスト、ハンバーガーはミートパティがあくまでいちメンバーであるバンド。ハンバーガーの構成をバンドに置き換え、ボーカルをミートパティ、ギターをバンズ、ベースを野菜、ドラムスをソースとする。おいしいハンバーガーは、それぞれすばらしい実力を持った4人のメンバーが、バンドとしてグルーヴ感を作るものである。「ソロアーティストとバックバンド」ではなく、4人がグルーヴに貢献するものだ。4人の音が混ざり合って一つの音楽を作り出すさまは、まさにハンバーガーにおける口中調味。どれか一つのパートがずば抜けていいというわけではなく、全部のパートが織りなすハーモニーを楽しむ。これがハンバーガーのあるべき姿だと筆者は考える。ハンバーグを挟んだはいいもののほかとのバランスが考えられていなかったり、稀にではあるがベーカリーフィーチャーのハンバーガーでバンズの味や食感が強すぎてほかのパーツの印象がかすんだり。そういったものは、各パーツのどれかがどんなにおいしくても、**ハンバーガーとしてのおいしさを表現していない**と思う。

銘柄牛やA5の牛を使えばおいしいハンバーガーになるか？

また、メディアの企画やコラボイベントで見かけることのある、**「レストランシェフ×銘柄牛のパティ」というハンバーガー**。これらについて各所から意見を求められることがあるのだが、基本的にはおいしいはずである。最高の素材を使ったパティに一流の料理人が火入れしたら、パティ自体はまず間違いなくおいしくなるだろう。しかし、残念ながら「ハンバーガーとしてのおいしさ」が表現されていることは少ない。高級食材を重ねた「足し算の料理」としてのおいしさはあるが、味のハーモニーを重要視するグルメバーガーに見られる**「かけ算の料理」としてのおいしさ**にはたどりついていないことがほとんどだ。また引き算の考えでパーツをそぎ落とし、パティをバンズに挟んだだけのスタイルも、肉の食べ方の提案としてはすばらしいが、ハンバーガーのおいしさとは違う。言うならばバンドではなくソロアーティストのリサイタルで、ハンバーグに近い料理と言えるかもしれない。グルメバーガーが登場するまではハンバーガーというジャンルにはファストフード、ジャンクフードというイメージが長らくあったことから、料理としてのおいしさを追求している作り手も食べ手も少ないと感じる。しかしグルメバーガーが一定の認知度に達した今、先ほど話したグルメバーガーのおいしさの理屈を発信することで、ハンバーガーを**ほかの料理と遜色ない料理ジャンルの一つ**にすることが筆者の願いだ。

「A5ランクの○○牛を使用」という売り文句を謳うハンバーガーを見かけることも多いが、A5の牛肉は果たしてハンバーガーに向いているか？　という点から考える必要がある。牛肉の等級は(公社）日本食肉格付協会が定める規格の下、「肉の歩留まり」と「肉質」によって決まるもの。「歩留まりのよさ」がA〜C、「脂肪交雑の多さ」「肉の色沢のよさ」「肉の締まりのよさときめの細かさ」「脂肪の色沢と質のよさ」の総合評価が5〜1で表される。この等級表示は「肉の品質を客観的に評価し、市場での価値を判断するためのもの」であり、**「肉のおいしさ」を表すものではない**。歩留まり、サシの多さや見た目が評価に大きく影響するので、仮に挽肉や細切れの肉にして使うならあまり意味をなさない評価である。使う肉をアピールポイントとするのは、ミートパティが主役であるハンバーガーにとってはうってつけの宣伝方法ではあるのだが、市場価格が高いA5の牛肉を使うことにより**原価が上がり、商品自体のコストパフォーマンスが下がる**ケースが多いので、結果的にお客の満足度が低い商品になってしまっていることが多々ある。

一方、ことグルメバーガー店に関しては、**サシが多い牛肉は忌避される傾向にある**。グルメバーガーの作り手がミートパティに求める役割の中に歯ごたえと食感、肉のうまみという点があるため、サシが多い牛肉だとそれが表現しにくいからだ。東京・池袋の「No.18」では、仕入れた牛肉の脂肪分を可能な限りそぎ落として、赤身比率を限りなく100%に近づけるという気が遠くなる仕込みを、店主が毎日行っている。

もちろんサシが多い和牛などを使用してすばらしいハンバーガーを作る店もたくさんある。そういった店が脂肪に求めるものは、**肉が持つ甘みやうまみの増強**だ。脂質は、それ自体は味を持たないものの、人間にとって好ましい味（甘みやうまみなど）を増強する効果がある。そのため、そういった店は加熱時にできるだけ脂を流出させないようにしたり、流れ出た脂でパティを揚げ焼き

牛枝肉取引規格

細かい適用条件や補正、判断基準は以下の（公社）日本食肉格付協会のウェブサイト参照のこと。

歩留等級

等級	歩留基準値	歩留
A	72以上	部分肉歩留が標準より良いもの
B	69以上72未満	部分肉歩留の標準のもの
C	69未満	部分肉歩留が標準より劣るもの

※歩留基準値＝67.37＋〔0.130×胸最長筋面積（cm^2）〕＋〔0.667×「ばら」の厚さ（cm）〕－〔0.025×冷と体重量（半丸枝肉kg）〕－〔0.896×皮下脂肪の厚さ（cm）〕

歩留等級

等級	脂肪交雑	肉の色沢	肉の締まり及びきめ	脂肪の色沢と質
5	胸最長筋並びに背半棘筋及び頭半棘筋における脂肪交雑がかなり多いもの	肉色及び光沢がかなり良いもの	締まりはかなり良く、きめがかなり細かいもの	脂肪の色、光沢及び質がかなり良いもの
4	胸最長筋並びに背半棘筋及び頭半棘筋における脂肪交雑がやや多いもの	肉色及び光沢がやや良いもの	締まりはやや良く、きめがやや細かいもの	脂肪の色、光沢及び質がやや良いもの
3	胸最長筋並びに背半棘筋及び頭半棘筋における脂肪交雑が標準のもの	肉色及び光沢が標準のもの	締まり及びきめが標準のもの	脂肪の色、光沢及び質が標準のもの
2	胸最長筋並びに背半棘筋及び頭半棘筋における脂肪交雑がやや少ないもの	肉色及び光沢が標準に準ずるもの	締まり及びきめが標準に準ずるもの	脂肪の色、光沢及び質が標準に準ずるもの
1	胸最長筋並びに背半棘筋及び頭半棘筋における脂肪交雑がほとんどないもの	肉色及び光沢が劣るもの	締まりが劣り又はきめが粗いもの	脂肪の色、光沢及び質が劣るもの

出典：http://www.jmga.or.jp/standard/beef

のように調理したりと、とにかく脂の存在を大切にしている。要は、ハンバーガーにおける牛肉選択のポイントはブランド性や市場価値とは別のところにあるべき、という話だ。

原材料の選択について

ミートパティは、基本的には**牛挽肉をつなぎなしで結着させたもの**。挽肉の粗さは各店の考えによりさまざまで、1種だけを使うこともあるし、ごく粗挽きと中挽きをミックスするなど数種をブレンドすることも。挽肉と細切り肉を合わせるなど、挽肉以外の肉を混ぜ合わせることもある。ただ、つなぎを入れないぶん、肉の挽き目や一つ一つの切り方があまりにも大きいと**パティとしてまとまらない**ので、細挽きの肉を少量加えてつないだり、ぎりぎり肉がまとまる大きさに切ったり、という工夫は必要だ。

使われる部位で多いのは**肩ロース肉、腿肉、クロッド（腕肉）、ブリスケット（肩バラ肉の一部）**などだが、肉の形状と同様、どんなミートパティをめざしたいかで1種、ないしは複数を

肉の細かさ

使う牛肉の細かさや形状は、どういった食感を感じさせたいかという店主の狙いにより店ごとに大きく異なる。選択肢としては細挽き、中挽き、粗挽き、超粗挽きといった挽いた肉のほか、手切りで角切りや細切りにした肉などがある。

ミックスして用いる。筆者が取材した中で、ミートパティに定評があるグルメバーガー店が使っていることが多いのは**肩肉**。牛の運動によってよく動く部分なので適度な歯ごたえがあり、うまみの強い赤身と脂のバランスがいい肉ということで選ばれることが多いようだ。ほか、しっかりとした噛みごたえを求める場合は脂が少なく赤身が中心の腿肉や、ある程度の塊のままでもやわらかくて食べやすいイチボなどが選択されるケースも見かける。熟成肉の場合は、独特の熟成香と凝縮したうまみがプラスポイントになることもあれば、ハンバーガー全体のハーモニーの妨げになるという考え方もある。牛肉の生産国は、グルメバーガー店を取材してきた中だと**米国、オーストラリア、そして日本**が多い。チェーン店では加えて、ニュージーランド、メキシコ、イギリス、アルゼンチン産などが使われることもある。牛の飼育方法や肥育方法は生産地によって違いがあり、たとえば放牧されて自由に牧草を食べて育ったグラスフェッドの牛、穀物飼料で肥育されるグレインフェッドの牛、フィードロット（集中肥育施設）で濃厚飼料を与えて飼育される牛などさまざま。どんな肉料理にも言えることだが、それぞれ肉自体の香りや味わいが大きく異なるので、それを理解したうえで自分の理想の肉を選ぼう。

なお、吉澤氏は「ハンバーガーは〝高級な食事〟ではない。自分で手間暇をかけてパーツの仕込みをすることで少しでも原価を下げ、納得のいくクオリティの商品を**できるだけリーズナブルに提供するのが本来のハンバーガーの姿**だ」とよく話す。こういった心意気から、少しでも安く

各国のカットチャート

肉には「カットチャート」と呼ばれる原産国ごとの部位の区分がある。各国はこれに基づいて部位名称をつけて市場に流通させているので、同じ部分でも国によって呼び名が違うことがある。たとえば日本では肩ロースと呼ばれる部分が、北米ではチャックアイロール、オーストラリアではチャックロール。米国、オーストラリア、日本のカットチャートを掲載するので、参考にしてほしい。

米国

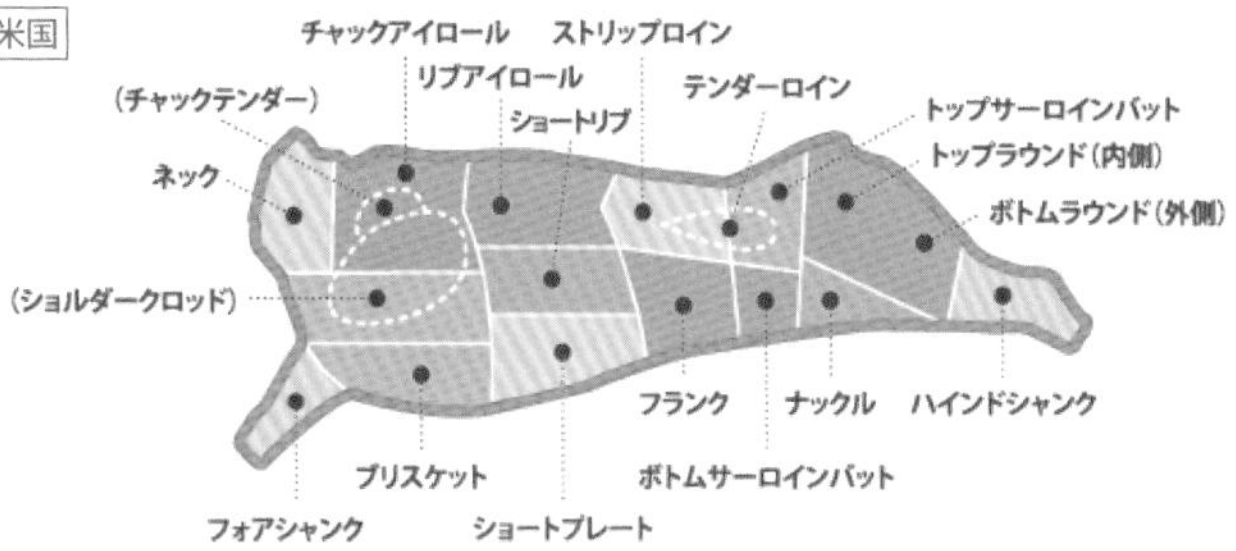

オーストラリア

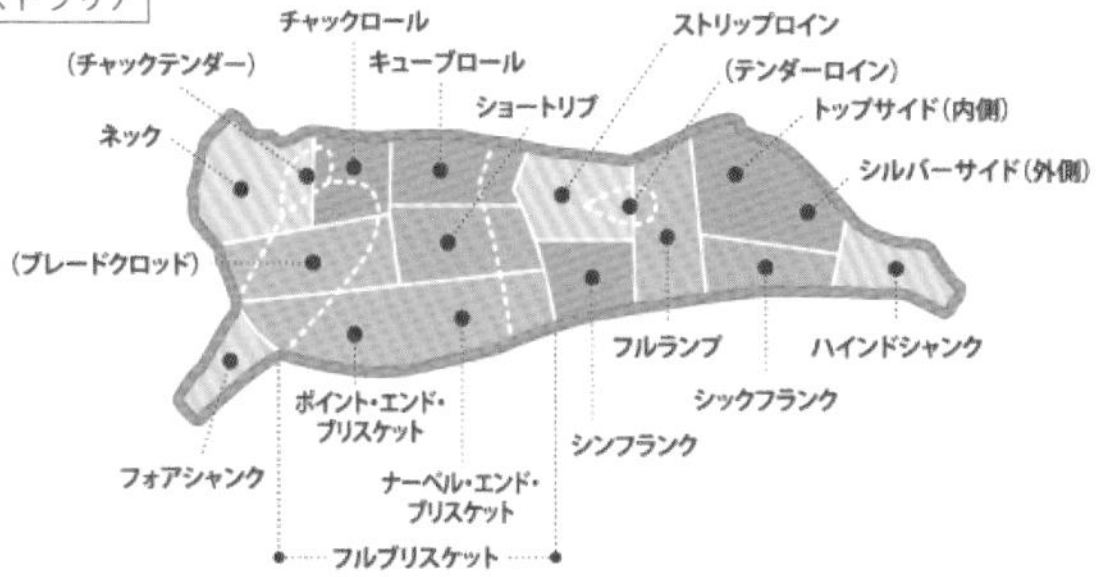

日本

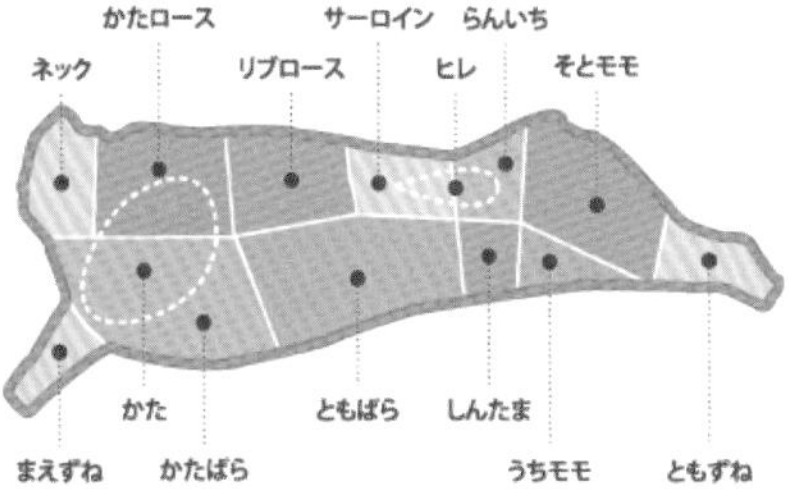

出典：米国食肉輸出連合会
https://americanmeat.jp/trd/database/rank/parts_b.html

ておいしい肉を探したり、自分で肉を挽く、切ることを前提として塊肉を仕入れたりするグルメバーガー店もある。

ミートパティの仕込み

ミートパティは、あらかじめ**成型されたものを冷蔵もしくは冷凍で工場から仕入れるケース**と、**各店で仕込むケース**がある。個人店では、工場に発注できるほどの使用量がないので（こだわりが強いグルメバーガー店であれば外注するつもりもないだろうが）、店ごとにミートパティを仕込むのが一般的だ。工場に大量のロットで同じ仕様のミートパティを発注するのは、結局のところクオリティの均一化を求める大手チェーン店くらいである。多くの個人店は精肉業者に、指定した生産国・部位の牛肉を、指定の挽き目（挽く粗さ）で挽肉にしてもらってから仕入れて、ミートパティを仕込む。肉のごろごろとした粒感を求めて、**ファストフード店が扱わない「超粗挽き」**を指定することも多々ある。ファストフード店が超粗挽きを扱わないのは、軟骨が肉挽き機をそのまま通過して混じり込んでしまい、クレームとなる場合があるため。企業は少しでもそういった可能性がある場合には採用しないのが常である。

また、個人店の場合は近年、**塊肉を仕入れてハンドチョップの技法を取り入れる**ところも目立つ。ハンドチョップは、大きな塊肉を肉質ごとに切り分け、その肉質の違いによってカットの細かさや切り方を変えて、食感に変化やリズムのあるミートパティを作る技法である。ハンバーガーにおけるハンドチョップという技法は、全体のバランスを考えてミートパティの食感を調整するという考え方が存在する**グルメバーガーならではのもの**。もちろん、肉挽き機の有無や仕入れの関係から肉を塊で仕入れて自分できざんでいる人もいるだろうが、**味や食感の面での目的がないものは技法としてのハンドチョップではない**。また、たとえば肩ロース肉の芯の部分にザブトンという部位がある。ザブトンは希少部位のためステーキや焼き肉店でプレミアムなメニューとして打ち出すことができるので、仕入れ価格が高い。こういった

ハンドチョップの技法

ハンドチョップした肉（右）と、その肉で作った肉ダネ（下）。切る細かさを自分で調整することによって、パティの食感に変化やリズムをつけることができる。

希少部位や人気部位は挽肉の原材料にして売るという選択が精肉業者にないため、精肉業者から挽肉を仕入れる場合は、まずお目にかかれない部位だ。しかし、肩ロース肉を塊肉で仕入れるなら話は別である。塊で仕入れて、自分の思う通りにカットすれば、**希少部位も自由に使える**。これもハンドチョップのメリットである。

さて、原材料の肉が準備できたら、塩、ブラックペッパー、ホワイトペッパー、砂糖などとともに混ぜ合わせてタネにする。原則として、卵やパン粉といったつなぎは使用しない。最後は成型であるが、**パティ成型器にタネを充填して円盤状に成型する**方法や、**リングといった独自の器具を使用する**方法などがある。スマッシュ製法で焼く場合は、丸い団子状にしておく。ここまでが、パティの仕込みである。

ミートパティの成型例

バンズと同じ直径のリングの上にラップ紙を敷き、あらかじめ計量しておいた肉ダネをのせて均一に押し広げる。へこみや割れがあると、焼く時に崩れたり、焼き縮みが生じたりするので、リングの中の肉を均一に満たすことが重要。ラップ紙ごと型からはずし、ラップ紙で包んで冷蔵、もしくは冷凍保管する。

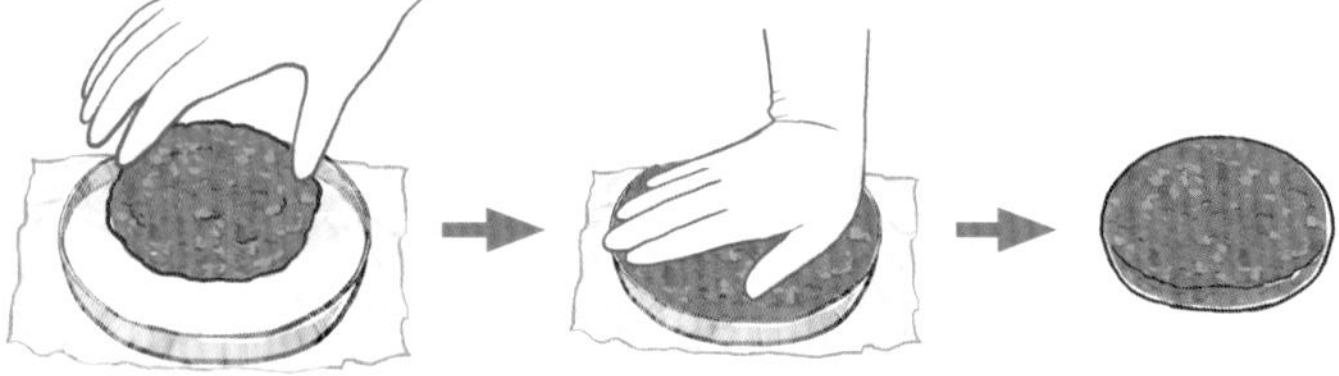

ミートパティの加熱機器

グルメバーガーにおいて、ミートパティの焼成に使用する加熱機器は、**ガスもしくは電気を熱源とするグリドル**（ハンバーガー業界ではフラットグリルとも呼ばれる）がもっとも一般的である。平たい鉄板のような加熱機器で、**鉄板の表面温度を比較的安定してキープできる**のが大きな理由である。チャコールグリル（炭火焼き器）を採用する店舗も多いが、ミートパティに炭火ならではの香ばしさや風味がつく半面、火力のコントロールが難しい。また、既存のキッチン設備があるならば、導入しやすいのはグリルパンだろう。ガスレンジの上にのせると、簡易型のグリドルの役目を果たす。もちろん、焼き加減を見極めて調節できる調理技術があれば、フライパンでも何ら問題ない。

ちなみにチェーン店では、チェーン式ブロイラーや

ミートパティの加熱機器

ミートパティの焼成に用いるグリドル（写真左）と炭火焼きグリル（右）の両方を兼ね備えた厨房の一例。

クラムシェルグリルも使われている。前者はバーガーキングなどで採用されている加熱機器で、チェーンによって動くグリルにパティを置き、上下の直火の中に通して両面をグリルするもの。手間なく香ばしく焼き上げられるのが特徴だ。後者はマクドナルドが採用している自動式の両面焼きグリル。パティを上下からグリルで挟んで一気に焼き上げるというパティの焼成に特化した特別仕様により、焼成時間の短縮につながっている。これらは**焼成時のオペレーションの効率化と商品の均一化**を行うのに有効な機器類である。

スマッシュ製法について

近年は、団子状に仕込んでおいたパティのタネをグリドルにのせて、上から押しつぶすように成形しながら焼く**スマッシュ製法も多く見かける**ようになった。押しつけて焼くことによりパリッとした食感と香ばしさを表現しやすく、焼成時間を格段に短縮できるのがメリットである。ただしタネの芯温や大きさ、フォルムは毎回微妙に異なることが考えられるため、調理技術のある人間が火入れの具合を見極めて焼き上げる必要がある。スタッフの技術によるクオリティの差が生じやすいことから、商品の均一化が絶対とされる日本のチェーン店でマニュアルに落とし込むのは難易度が高いが、個人経営で店主や調理技術を持つスタッフが常にオペレーションを行っているのなら採用する価値はある。

スマッシュ製法の場合、**パティの赤身比率は80％くらいが妥当**であるようだ。20％くらいの脂がないと、火の通りが遅くなり、中まで火が通りきる前に熱源と接する面が焦げてしまう可能性がある。タネの形状は、ミートボール状、ちょっと大きめのホタテの貝柱状、アイスホッケーのパックのような形などさまざま。焦げた部分に香ばしさや風味が含まれ、同時にスマッシュ製法独特のカリカリに近いテクスチャーが表現されるので、しっかりプレスして表面積を広げ、より広い範囲でメイラード反応を起こすように焼くのが定石である（76頁の写真も参考にしてほしい）。焼成面には**「ゴールデンブラウンクラスト」「サクサクしたエッジ」**という表現が使われることが多い。薄めに仕上げて複数枚のパティを重ねるケースも見られる。

オペレーションの面から見ると、スマッシュ製法は先ほども書いたように焼成時間を大幅に短縮することができるのがメリット。同じ重量のパティで比べた場合、あらかじめ成型され

焼き方の違い

スマッシュ製法

通常の焼き方

た冷凍のものは約8分、冷蔵状態のものは約6分かかったものが、**スマッシュ製法であれば約3分まで短縮できる**。スマッシュという単語には「激しく打つ」「破壊する」「粉砕する」「短期間で成し遂げる」などの意味があるが、スマッシュ製法はこれらを複合的に含んでいるとも言え、〝言い得て妙〟の呼称だと思う。

バンズについての考察

パーツの中でのバンズの役割

ハンバーガーにかじりついて食べる時、**最初に唇に触れるのはバンズである**。極端に言うと、ハンバーガーの第一印象が、その時点で決まることは間違いない。しかしグルメバーガーが登場する前まで、バンズは**パーツ類を挟んで食べるための可食容器**の役割しか持っていないことが多かった。当時のバンズの主流は、ちょうどマクドナルドのレギュラーバンズのようなイメージの、米国でポピュラーだった、グルテンを切るように仕込んだ口どけのよいサクッとしたタイプ。バンズ自体の風味も強くない。米国のハンバーガーのレシピブックを見ると、「バンズに存在感がある必要がない」とまで語る記述を見かけることがある。ハンバーガーにおけるバンズは、ミートパティを口に運ぶためのもの。それが当たり前の考え方だった。

だが、ハンバーガーに料理としての完成度を求めるグルメバーガーというジャンルが生まれてから、俄然バンズという存在が注目されるようになる。グルメバーガーでは全体の味のハーモニーが重要視されるので、バンズもミートパティと並ぶ、食感や風味を構成する重要な要素としてとらえられるようになったのである。その裏には、**東京・東新宿のベーカリー「峰屋」の功績**があることは疑う余地がない。峰屋が、グルメバーガーの源流とされる店の一つである東京・本郷のハンバーガー店「FIRE HOUSE」と共同で、「ミートパティに負けないくらいの味わいと食感のあるバンズ」の開発に成功したのが1997年のこと。今やグルメバーガーの代名詞ともなった**「酒種バンズ」**の登場である。このバンズは、峰屋の発酵室で30年あまり継ぎ足しで育てられてきた酒種（米と麹で作る天然酵母）を使う点がポイント。噛んだ時の引きを強く仕上げ、口の中で消えるまでの足並みをほかのパーツと揃えたこのバンズは、その後吉澤氏を始めとするグルメバーガーのパイオニアたちに愛用されるようになり、グルメバーガーのバンズの代名詞となった。**モチッとした食感があって、すぐ消えずに口に残る**ため口中調味がしやすく、**バンズ自体にしっかり味がある**のでほかのパーツとの〝かけ算〟のハーモニーを表現しやすいというのが画期的な点。

これ以降、グルメバーガーの作り手たちは、バンズの役割を理解し、自らの理想のバンズを求めるようになる。このようにバンズを大切にする姿勢は、日本の伝統的な食文化である鮨でシャリが大切にされることと似ていると思っている。「ネタがおいしくても、シャリがおいしくないとダメ」という考え方が、日本のグルメバーガーの作り手や食べ手がバンズの重要性を理解する素地になっている、とすら思う。

バンズの種類とカット

グルメバーガー店が使うバンズは、製パン業者やベーカリーの既製品のほか、好みを伝えてオリジナルで作ってもらう特注品、自家製品に分けられる。どういうハンバーガーをめざすかによってルックス、形状、重量、サイズ、味わいが異なり、**食パンやロールパンのほか、ソフトフランス、ブリオッシュといった生地**をベー

峰屋の酒種バンズ

足掛け30年、継ぎ足しながら発酵させてきた酒種を生地に加えることで、バンズがもっちりと、かつ味わい深く仕上がる。峰屋は飲食店への卸売と並行して直売所での小売も行っている。

一般的なファストフードハンバーガーのバンズのイメージ

ファストフード店では、商品にもよるが、レギュラーメニューのハンバーガーのバンズはもちもち感を抑えた、歯切れのよさが特徴であることが多い。風味もそこまで強くない。

スにして丸い形に焼き上げたものが一般的。変わったものではメロンパン風のバンズもある。天に飾るトッピングとしては白ゴマ、黒ゴマ、ケシ、カボチャの種など。このトッピングは、もちろん多少の食感や香ばしさの付加という意味合いもあるが、そういった機能性を求めてというよりも、各ベーカリーが自店の商品のアイコンのように使うことの方が多いように思う。

ハンバーガー店の個性が表れる部分の一つとして、**クラウン（カットしたバンズの上側）とヒール（下側）のサイズのバランス**がある。しっかりとした製造ラインを持つ製パン業者から仕入れている場合は、すでにカットされたものを使うこともあるが、街のベーカリーからは焼いたま

ヒールとクラウンのカットのバランス

考慮すべきポイントはビジュアル、パーツからしみ出て下に落ちる水分、かぶりついた時の口への入り方など。パーツが持つ水分が多い場合や、テイクアウト商品はある程度ヒールを厚くすると、バンズの食感が保たれる。また、ボリュームのあるハンバーガーの場合は、上下両方のバンズが一度に口に入らないため、どちらかが厚すぎると口への入り方のバランスが悪くなるので注意が必要。

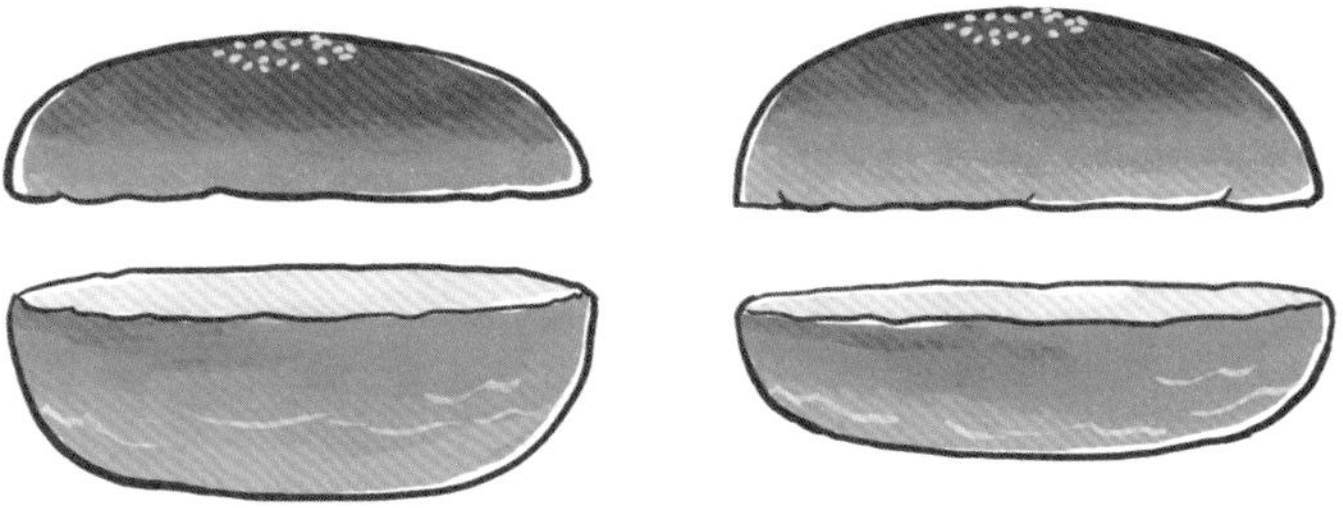

まの丸の姿で納品されることが多い。それを上下どんな割合でカットするかは、各ハンバーガー店の裁量だ。だいたいのグルメバーガーのようにボリュームのある大きいハンバーガーでは、かじった時にクラウンとヒールが同時に口に入ることはないので、どちらが口に入っても同じようにほかのパーツとのハーモニーが生まれるようなバランスでカットされることが多い。つまり、**どちらかが極端に厚い・薄いということはない**。ただ、カットのバランスでルックスのイメージが大きく変わるので、どの部分を強調して見せたいか、というビジュアル面も考慮に入れる必要がある。ちなみに吉澤氏の場合は、しっかりとした土台を作るため通常でもかなり厚めにヒールをカットするが、テイクアウト用の場合は、**時間経過によるパーツからの水分の浸出**も考慮に入れてさらに厚くカットするという。

提供前にバンズをトーストする際に使用する機器や焼きの深さもおのおのの考えによって違う。ファストフード店や規模が大きい店では専用のバンズトースターを導入することもあるが、**グリドルやオーブンでトーストするのが一般的**だ。グリドルの場合は、バンズの断面にバターなどの油脂を塗って、その面を下にしてグリドルに直接のせてカリッと焼く。トッピングされたゴマなどの香ばしさを引き出すために、仕上げに一度面を返してトップを少し加熱する場合もある。オーブンの場合は、断面だけでなく全体を加熱できるのがメリット。一口目が唇に触れた時に、熱々感をより強く伝えやすい。

その他のパーツについて

野菜の役割

ハンバーガーのパーツとして定番の野菜は、レタス、トマト、タマネギ。そこに、ベーコンやプルドポーク、チーズといった追加トッピングが入り、ケチャップ、タルタルソース、BBQソース、マスタード、マヨネーズなどのソース　調味料で味の方向性を決める。なお、ファストフード店のハンバーガーにはピクルスのスライスがほぼデフォルトで入っているが、それ以外の業態ではパーツとして挟むより付け合わせとして添えられる形がポピュラーだ。パーツの組み合わせは無限大で、それが作り手にとっても食べ手にとってもおもしろい点である。

ハンバーガーにおける野菜の役割は第一に、ともに茶色のバンズとパティに鮮やかな色を添えて**ビジュアルを美しく、ハンバーガーらしく彩る**ことだと筆者は考える。歴史をさかのぼると、もともとハンバーガーはパンに肉だけが挟まれたものだったが、1920年代くらいから野菜が挟まれた仕立てが一般的になったようだ。それ以降、レタスの鮮やかな緑色、トマトの印象的な赤色は、ハンバーガーという食べ物を象徴する色になった。ただ、もちろん野菜の役割は見た目だけではないので、それぞれ詳しく説明しよう。

●トマト

トマトは、どの店であってもスタンダードなレギュラーメニューのレシピにデフォルトで組み込まれていることが多い。彩りだけでなく、**水分、酸味、甘み、うまみ成分の供給**が大きな役割。それらの要素の中で、どの機能を強調するかは作り手の考え方による。たとえば、極限まで脂を除去した噛みごたえのある肉々しいミートパティを使う店では、トマトでハンバーガー全体のジューシー感を補い、ギュッと詰まったパティに対して水分を供給してバランスをとる機能を持たせるケースを見かける。一方、トマトに水分の供給という機能を持たせず、その強い酸味、甘み、うまみ成分を味のアクセントとして使うことを目的に、水分が抜けて**味が凝縮したドライトマト**を使用している店もある。また、提供時のトマトの温度も店によって違い、バンズやパティの熱々感を損なわないために常温に近づける店もあれば、「冷たくした方がおいしい生野菜は冷たいまま使う」という店もある。サイズも店によって違うが、口中調味という考え方を大切にするなら、**どこから食べてもトマトがないところを作らない**というのが順守すべきポイント。つまり、スラ

生トマト

ドライトマト

イスならバンズと同じ面積をカバーできる大きめのサイズを使うか、小さめのサイズを複数枚のせてバンズの面を埋めるとよい。

●レタス

ハンバーガーのパーツの中で一般的には唯一の葉物野菜であるレタス。期待される機能は、鮮やかな色彩のほか、**シャキシャキとしたフレッシュな食感、水分の補給、ボリュームを出すこと**などである。レタスの品種はいろいろあるが、グルメバーガー店が主に使用するものは玉レタス（結球レタスとも呼ばれる）。青臭みがなく、水分豊かで、シャキシャキとした歯ざわりを持つものが選ばれる。

レタスの仕込み方にもいくつか種類があるが、グルメバーガー店でポピュラーなのは、「BROZERS'」に代表される「たたみレタス」というスタイル。**葉脈をなるべく折らないように注意しながら、中に空気を巻き込む**イメージで、バンズと同じくらいの面積になるようにふんわりと丁寧にたたむ。仕込みも難しくなく、たたんでセットをしておけるので、ハンバーガーの出数が多い忙しい店で重宝されるスタイルだ。

一方、レタスを**バンズの面積に収まるように丸くカットして数枚重ねて積むスタイル**は、吉澤氏が「GORO'S★DINER」で始めたオリジナルとされている。バンズからレタスの葉がはみ出ることなく収まり、ハンバーガーの立ち姿が美しく見えるのが利点。しっかり水気をきったレタスの葉を数枚重ねて皿状にすることで、上の段からの水分を受け止め、バンズのヒールを乾いた状態で保つ機能も期待できる。丸くカットして落とした部分は葉の間に入れ込むことで、ロスを減らすと同時に、クリスピーな食感も楽しめる。このようにメリットは非常に大きいが仕込みに手間がかかるため、そこまでハンバーガーの出数が多くない中小規模店での採用がよいと感じる。提供時のレタスの温度はトマトと同様、常温もしくは冷たいままの両方が見られる。

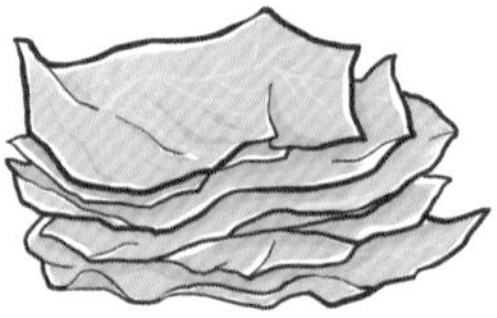
カットレタス

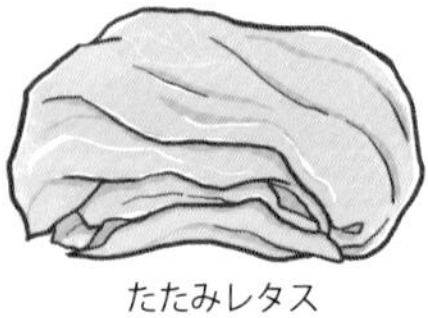
たたみレタス

●タマネギ

タマネギはどのような形状にするか、生のままか加熱するかなど、**仕込みの選択肢の幅が広い**。生で使うと印象的な辛みとシャキシャキとした食感のアクセントが生まれる。加熱して使うと独特の甘みと香ばしい香りが加わる。自分の作るハンバーガーに、タマネギのどの機能が必要であるか？　という点から考えて、どのように使うかを決める。

たとえば、タマネギの甘みを前面に出したい時には「**厚切りグリル**」がマッチする。焼くことで凝縮感のある強い甘みが表現されるからだ。焼き具合は、タマネギのフレッシュな食感をどれだけ残したいかと、どれだけ香ばしさが欲しいかによって調整する。さわやかな辛みとシャキッとした食感でハンバーガーをさっぱりと食べさせたい場合は、**「生のスライス」**を選択するのがよい。大きなサイズのものを薄い輪切りにして1枚で使ってもよいし、小さなサイズのものをスライスしてバラけさせ、全面に敷き詰めるようにしてもよい。あとは、「ソテーしたタマネギ」や「フライドオニオン」といった選択肢もある。パーツとしての存在感が薄くなるため、グルメバーガー店ではあまり見かけない手法だが、**タマネギの「みじん切り」をのせることもある**。シンプルな構成でボリューム感が少ないファストフードハンバーガーにおいて、ポーションコントロールをするためによく使われる方法だ。小気味よい食感がアクセントになるのもメリットである。

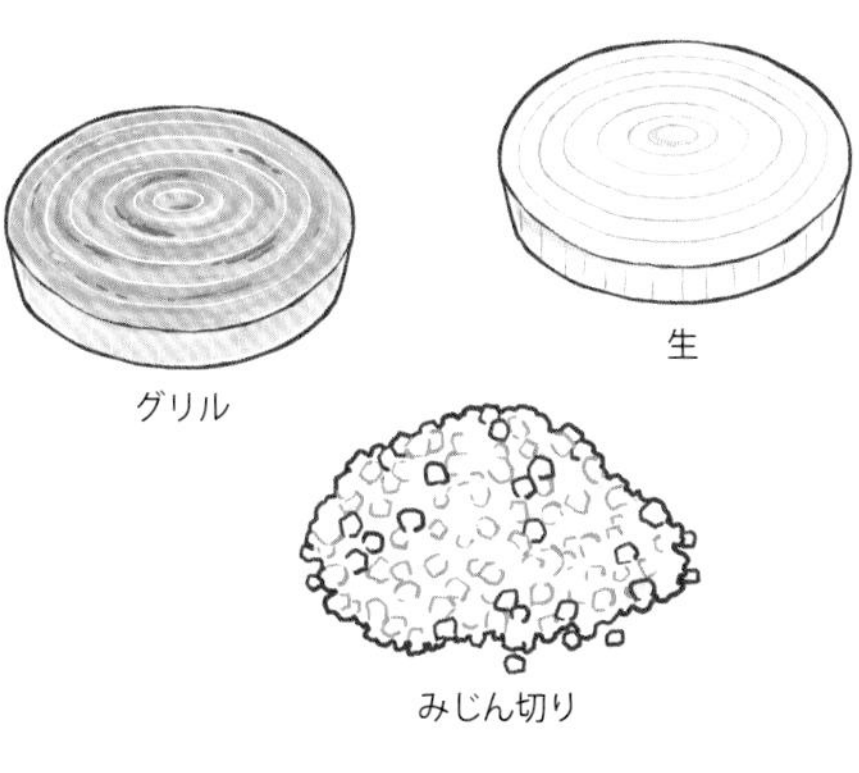

トッピングの種類

ハンバーガーには、「トッピング」という考え方がある。基本構成であるバンズ、ミートパティ、レタス、トマト、タマネギなどの野菜類に、基本の味を作るソースや調味料を塗ったり挟んだりする。ここまでが店舗の**レギュラースタイルである「ベースのハンバーガー」**であり、トッピングはそれに加えてお客が好みで追加する要素のことだ。グルメバーガー店でポピュラーなものでは、ベーコン、チーズ、プルドポーク、パストラミ、アボカド、フライドエッグなど。オリジナリティのある選択肢を設けたり、自家製品を使ったりすることで、店の個性をストレートに打ち出す武器となる。ただ、トッピングはお客が選ぶものなので、**トッピングだけにしか使えない食材や、消費期限が短いものはロスになりやすい**ため仕入れを避けるのが無難だ。

●チーズ

チーズはトッピングの一つではあるが、もはや「チーズバーガー」というレギュラーメニューを持つ店がほとんどだ。ハンバーガーで使用されるチーズは、レッドチェダー、ゴーダ、コルビージャック、モントレージャック、エメンタールなどが定番。これらを**スライスしてミートパティの上にのせ、加熱して溶かす**のが一般的なスタイルである。メニューによっては、モッツァレラやクリームチーズが使われることもある。

チーズはそれ自体の風味の違いがハンバーガーの味に強く影響するが、どのチーズにも共通して機能として求められるポイントは、**メルティングのしやすさ（溶けやすいかどうか）と発色の**

鮮やかさである。ミートパティを包み込むような一体感のあるチーズバーガーにするためには、チーズをしっかりと加熱してメルティングさせることが必要だ。

レッドチェダー

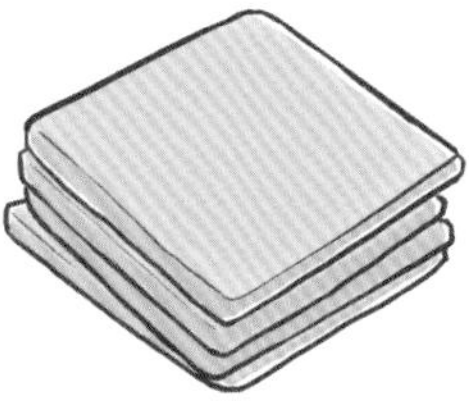

チェダーチーズに色素を加えて着色したもので、コクはあるがクセがないため**ほかのパーツやソースに合わせやすい**。イギリスのサマセット州チェダー原産だが、現在は世界各地で製造販売されている。スライスのほか、細かく切られたものを使用している店を多く見かける。スライスと違ってポーションの調節が自在である点や、メルティングしやすい点が選ばれる理由だと思われる。着色していないチェダーもよく使われる。

ゴーダ

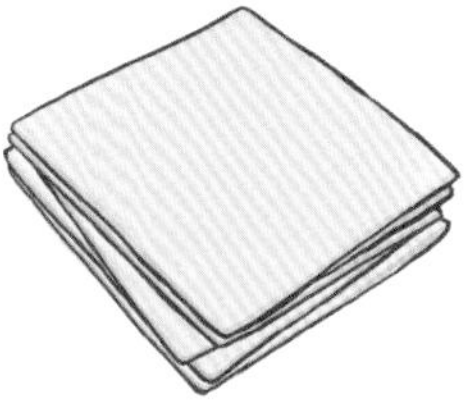

オランダ原産のセミハードタイプのチーズ。豊かなコクを持ちながら、まろやかでクセのないマイルドな風味。その点が**日本人の嗜好に合っているのだろう**、チェダーやレッドチェダーと並んでよく使われている。

コルビージャック

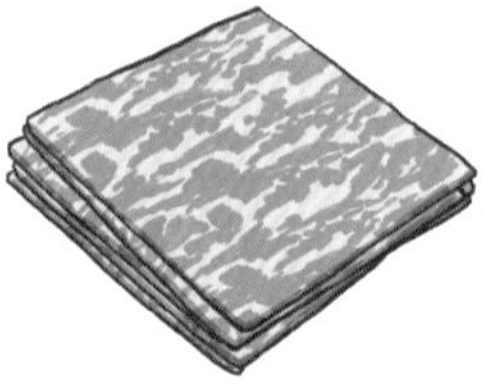

米国発祥で、モントレージャックとコルビーがミックスされたハイブリッドチーズ。モントレージャックはマイルドだが加熱すると風味が増すのが特徴で、コルビーはレッドチェダーに似たコクを持ち、**その両方が楽しめる**。生産量が多く価格がリーズナブルなため、近年ハンバーガー用のチーズとしてポピュラーになってきた。

エメンタール

チーズフォンデュに使われることで有名な、スイス原産のハードタイプのチーズ。大きな塊にはチーズアイと呼ばれる大小の穴が開いている。ほのかな甘みがあり、**木の実のような独特の香ばしさ**を持つと言われる。

ゴルゴンゾーラ

イタリア原産の、**世界三大ブルーチーズ**の一つ。なめらかな口当たりと、ほどよい青カビの刺激があって日本でもポピュラーなチーズ。溶かしてソース状にして用いられることが多い。

●肉系トッピング

ベーコンチーズバーガー、ベーコンエッグバーガーなどを定番化する店もあるほど、もっともポピュラーな肉系のトッピングがベーコンだ。豚肉を塩漬けにして燻製した食肉加工製品で、店で手軽に燻製ができるスモーカーが普及したこともあり、自家製ベーコンを提供する店も多い。**凝縮した肉のうまみ、パティとは違う食感、スモーキーな独特の香り**などがあり、ハンバーガーに新たな一面を与える。

プルドポーク

パストラミ

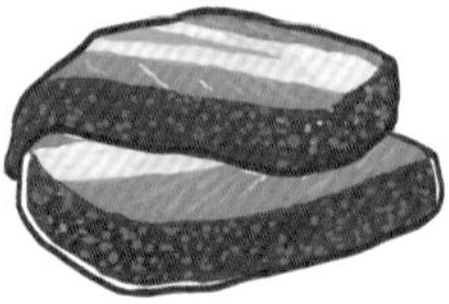

プルドポークは、アメリカンバーベキュー料理の一つ。**グルメバーガーのトッピングとして、最近では非常にポピュラー**になってきたものだ。本来は豚の塊肉を低温のスモーカーでホロホロになるまでじっくり加熱し、ほぐして食べる料理だが、現実的には難しいため、店にある熱源で豚肉をやわらかくなるまで加熱してＢＢＱソースをからめたり蒸し煮にしたりする簡易なレシピが用いられることも多い。

ここ数年のグルメバーガー店では「肉系のトッピングの強化」が静かなブームであり、その中でよく見られたトッピングがパストラミ。パストラミ・サンドイッチはニューヨークを代表する名物料理だが、日本でも今やトッピングの域を超えて**厚切りのパストラミが主役の〝パストラミバーガー〟**も登場している。レシピのパターンはいくつかあるが、牛のブリスケットやショートプレート、チャックアイロールなどの部位を使い、塩漬けして香辛料をまぶして燻製して作る。

chapter 4
“グルメバーガー”とその技術論

Column

ベーコンチーズバーガーの“チェックポイント”

筆者は、初めて訪問するハンバーガー店では「ベーコンチーズバーガー」をオーダーすることにしている。レギュラーのパーツのほか、定番のトッピングのベーコンやチーズにはその店の考え方が色濃く表れることが多いからだ。イラストのベーコンチーズバーガーを例として、試食の時のチェックポイントの例を挙げてみよう。

☑ バンズのカットのバランス

このバーガーはバンズの上下が同じくらいの厚さにカットされているので、上下どちらをかじっても口に入るバンズのポーションが毎回同じくらいになり、最後までバランスのよさが感じられるだろうと予想する。水分量の多いパーツがとくに多い場合は下を厚めにカットしたほうがよいと感じるが、このバーガーの場合はそうでないのでOK。

☑ ミートパティの位置

このバーガーのようにパーツの中でパティが中間～上の位置にあるとほかのパーツや野菜と一緒に、もしくはそれらの後に口に入ることが多いので、パティとほかの食材で口中調味が起こりやすく味のハーモニーが楽しめる。逆にパティが下の方にあるとパティが最初に口に入りやすいので、肉の印象が強く感じられる。

チーズの位置と温め方、種類

チーズをパティの上にのせているので、肉とチーズのハーモニーを楽しんでもらいたいのだとわかる。食べる時にチーズの加熱法を確認。一般的にはパティにのせてクロッシュのような蓋で蒸すように温めるが、もしバーナーでダイレクトにすみずみまでしっかり熱々に溶かされていると、よりパティとの一体感が感じられる。さらに使われているチーズの種類の特徴を考えて（味が強い、溶けやすい、色味がよいなど）、チーズにどんな役割を持たせているのかを把握する。

ベーコンの入れ方

スライスしたものを長いままのせているので、ベーコン自体を印象付けて、そのおいしさを何よりも楽しませたいという店側のメッセージを受け取る。別のパターンとしては、スライスを適度にカットしてバンズの面積と同じくらいの範囲をカバーし、最後の一口までベーコンを楽しめる仕立てなどもある。一方、もし角切りや細かいカットにしてのせられていたら、ベーコンの食感が楽しめるだけでなく、一口一口に少しずつベーコンが混ざり込んで自然と口中調味に寄与しやすいので、全体の味のハーモニーを重視したバーガーなのだろうな、と思う。

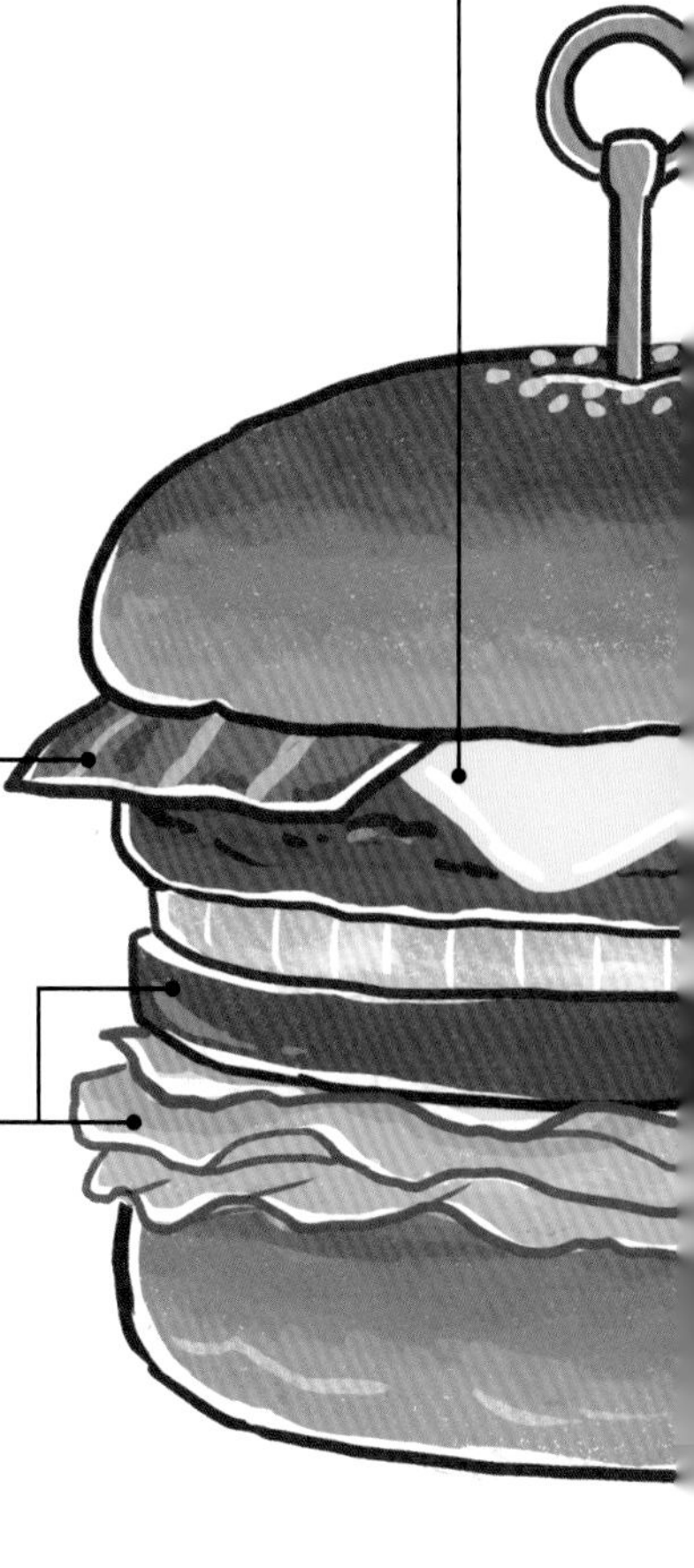

野菜の位置と形状

しっかりと水気がきられたカットレタスが一番下にあるため、トマトの水分がある程度そこでとどまり、ヒールが水浸しになることが防がれている。パティの下に輪切りのタマネギがあってパティの支えになっており、食べ進める中でも形をキープしやすいな、と予想する。パティの下にやわらかいトマトなどがあると、崩れやすい。

chapter

5

ハンバーガーにまつわるビジネス

1000円超えのハンバーガーには、それだけ高価な理由がある！

「1000円以上もする高級なハンバーガー」。グルメバーガーを紹介するメディアの見出しで見かける、もうかなり使い古されたフレーズである。確かに、ハンバーガーやラーメンなど、もともとリーズナブルで気軽に食べられる商品として浸透してきた食べ物には「1000円」という価格の壁があったと思う。しかも、**各社の平均をとると一つ244円ほど**（図表参照）のファストフード店のハンバーガーと比べると、1000円、トッピングによっては2000円を超えるグルメバーガーはとてつもなく高く感じる。しかし物価上昇が著しい今となっては、1000円の大台という壁が低くなりつつあり、米国から上陸したファストフードハンバーガーでも**1000**

円以上するものは珍しくなくなってきている。

何にでも言えることだが、何かを買う時、価格のみで比べるのなら判断基準は明確だ。ハンバーガーなら「お腹を満たす」、車なら「目的地まで移動する」といった目的さえ満たせればよいのであれば、確かに価格は低ければ低いほどよいだろう。しかし、**食材原価の高さによって担保されるおいしさと、そのハンバーガーが作られるまでのストーリー性**も検討材料に入れていただけたら、1000円以上するハンバーガーには価格以上の価値が感じられるはずだ。というのは、1000円以上するハンバーガーは、何もボロ儲けを出しているわけではないからである。飲食店の商品の販売価格に対する適正原価率が30%と言われる中、筆者が取材した中では30%以上の原価をかけているハンバーガー店が多かった。ハンバーガー単体で見ると**45%近くの原価をかけているグルメバーガー店**もある。安価で提供することを前提にコスト面を重視してビ

日本のファストフードハンバーガーを提供する主要5社のベーシックな「ハンバーガー」もしくは「チーズバーガー」の価格（2023年11月時点）

店名	商品	価格（税込）
マクドナルド	ハンバーガー	170円
モスバーガー	ハンバーガー	240円
ロッテリア	ハンバーガー	240円
バーガーキング	チーズバーガー （ハンバーガーにあたる商品なし）	280円
ドムドムハンバーガー	ハンバーガー	290円

※一部店舗およびデリバリーを除く

ジネスとして作られたハンバーガーと、自らの考えるおいしさの表現をめざして食材選びからこだわって作られたハンバーガー。同じハンバーガーとはいえ、価格に違いが出てきてしかるべきである。回転寿司チェーンの鮨と、カウンターで職人がおまかせで握る鮨の違いだ。第3章で書いたように、今の日本にはいろいろなハンバーガーがあり、それぞれの価格のスタンダードも違うという点を認識していただけたら、1000円以上するハンバーガーを、何も高級だとは思わないだろう。

先述した通り、飲食店の適正原価率は30％が目安とされている。ただし、すべての商品の原価を30％にしろということではなく、利益が出にくい原価率の高い商品と、利益が出やすい原価率の低い商品を織り交ぜて、店全体の売り上げに対する原価率を30％に調整できればよいわけである。ハンバーガー店のよくある形としては、**原価率の高いハンバーガーを、原価率の低いドリンクやポテト**と一緒に販売してバランスをとる形。つまりハンバーガーと一緒にサイドメニューを買ってもらうことでハンバーガーの高原価率を相殺し、トータルで30％台まで低減するというものだ。マクドナルドでかつてよく聞かれた**「ご一緒にポテトはいかがですか〜？」**というフレーズは、このための店側のアクションであったわけだ。ハンバーガーとお冷のみというお客が続出してしまうと、経営側はちょっと青ざめてしまうだろう。

ちなみに、ハンバーガーを注文すると必ずポテトがセットで付いてくる店もあるが、その場合は二つのパターンが考えられる。最初からセットとすることで原価率を調整しているか、ポテトは原価に含まずサービスと考えて、よりお得に見せる方針かだ。

コロナ禍に躍進したハンバーガー業界

ハンバーガーが好調だった理由

コロナ禍がきっかけとなってビジネススタイルが変化し、DX（デジタル変革）の進展に拍車をかけたのは飲食業界に限ったことではないが、飲食業界の変貌はとくに目覚ましい。DXとはざっくり言うと**「デジタルの活用によって企業や人々の生活をよりよい方向に変革すること」**を意味している。コロナ禍中、飲食業界においては、外出自粛やアルコール提供停止の影響により店内飲食を利用するお客が減り、さらに在宅ワークが推進されて一部では恒常化したことを受け、実店舗で食事をする機会が少なくなった。その結果「Uber Eats」、「出前館」、「menu」などのオンラインでの注文・配達サービスが広がりを見せ、生活に浸透。実店舗においても、デジタルの活用によってスタッフやほかの顧客との接触機会を最小限に抑えるサービスが進化した。スマートフォンや店舗に設置されたデバイスから商品のオーダーおよび決済完了ができるようになったり、事前にオンラインで注文することで店では並ばずに瞬時に商品を受け取れるようになったり。ハンバーガー店は、こういったＤＸ化や中食（持ち帰って食べる食品）の発展に対応しやすい商品展開、業態であったため、飲食業界が例を見ないほどの苦境に立たされていたコロナ禍の中、**大手チェーンを中心に逆に業績が好調**に推移した。たとえば日本マクドナルドホールディングス株式会社が発表した２０２０年期の全店売上高は５８９２億円で、前年比プラス７・３％。純利益は２０１億円で前年比19・６％の増益だ。当時のほかの業種・業態では考えられない数字である。２０２１年の全店売上高は６５２０億円、２０２２年は７１７６億円と、その後も右肩上がりが続いている。

もちろん、各社のたゆまぬ企業努力もあるだろうが、ハンバーガー店がコロナ禍に好調だったのは、次のような**「コロナ禍の人々の食事に対応できるベース」**があったことが大きい。

- ☑ **ハンバーガーという食べ物自体が、包みやすく、状態変化も少ないため、テイクアウトやデリバリーに対応しやすい形である**
- ☑ **テイクアウト、デリバリー、ドライブスルーなどの店内飲食以外のシステムがすでに存在していた**
- ☑ **取り分けることなく個別に食することができるため、衛生的と考えられた**
- ☑ **ハンバーガーやポテトといったメニューは子供に好まれ、家族全員の食事を１店でまかなえるのでファミリー層の選択肢として受け入れられた**

このハンバーガー好調の波に乗るべく、ほかの業種がコロナ禍のタイミングにハンバーガー業界に参入したり、既存の飲食店がメニューとしてハンバーガーを取り入れたりするケースも多く見られた。フライドチキンをバンズに挟んだものをメイン商品に据える **〝チキンバーガー専門店〟も多く登場**。２０２１年７月に東京・代官山にオープンしたダイニングイノベーショングループの「ドゥーワップ」や、２０２１年８月に東京・大井町にオープンした鳥貴族グループの「トリキバーガー」などである。また、チキンバーガーをメニューに据えるフライドチキン専門店として、ロイヤルホールディングスが２０２１年５月に「ラッキーロッキーチキン」を開業した。正直なところ、この時期に参入してきたハンバーガー店は商品開発にかける本気度とクオリティが玉石混交であり、**渋い顔で見守るしかない商品も多々あった**ことは確かではある。しかし、ハンバーガービ

ドゥーワップ

「本格チキンバーガー＆フライドチキン専門店」として東京・代官山に2021年7月オープン。10月には早くも2号店を渋谷に開店したが、ともに現在は閉店。

写真：J_News_photo - stock.adobe.com

ジネスは参入障壁が低く、新規参入しやすいものであるということが実証されたということで（もちろん続けるのが大変なわけだが）、ひとまずはよしとしておこう。

ブルースターバーガーとDX

コロナ禍以降に参入した店の中で、一つ特筆すべき例を記しておきたい。2020年11月に東京・中目黒の山手通り沿いに開業した、当時は**テイクアウト専門のハンバーガー店だった「ブルースターバーガー」**である。外食事業のフランチャイズ展開において多くの成功事例を持つダイニングイノベーションの傘下の事業で、外食産業のDX化の成功例となると期待されて鳴り物入りで参入してきたが、2022年7月31日をもって全店閉店することとなった。

ブルースターバーガーはコロナ禍における「非接触」という新たなニーズにこたえ、オーダーから受け渡しまですべてデジタル上で完結させるのがコンセプトのファストフードチェーン。IT化によってカットできたコストを商品原価にまわし、コストパフォーマンスのよい商品を提供するという意味で「ファストグルメバーガー」を謳っていた。同店のビジネスモデルはこうだ。

- **IT化（スマートフォンアプリによるモバイルオーダーシステム、完全キャッシュレス化）により、接客サービスにおける人件費をカット**

☑テイクアウトに特化して客席を取り除くことで、店舗面積をできる限り小さくし、初期投資および家賃を軽減する
☑削減できた原資やコストを商品原価にまわす（公表された初期設定では、ベーシックメニューの「ハンバーガー」税別170円の原価率は68％だった）

「高品質×低価格」という、店舗側も顧客側もWIN-WINの設定で、フランチャイズ展開に有利な要素が揃っており、2000店舗を目標に掲げていた。しかし極めて運が悪いことに、時を同じくして、肉牛の飼料となる穀物価格の高騰や供給量の不足により、牛肉の値段が高騰してしまった。結果として価格改定をせざるを得ない事態になり、100円以上値段が上がった商品もあった。さらに、集客を優先して完全キャッシュレス決済を断念して現金決済を導入したこと、テイクアウト専門店でなく客席付きの通常スタイルに変更したことなどにより「高品質×低価格」を実現する前提が崩れ、**ビジネスモデルとして成立しなくなってしまった**。フランチャイズ事業の展開には店舗の成功事例が最高のプレゼンテーションになるため、実績を示すために集客の施策として営業スタイルの変更を行ったのだろうが、少し事を急ぎすぎたのかもしれない。結果として4店舗にとどまり2022年7月31日をもって閉業することとなった。

経営面については以上のような感じだが、筆者が試食した範囲での判断としては、使用する牛肉の質がおそらく下がっていったのだろうか、**おいしさという点が失われていった**ことも大きいと思う。思惑通りうまくいけば、外食産業の未来を拓くすばらしいビジネスモデルであっただけに非常に残念である。もちろん経営者視点で見れば、**このスピードで撤退の判断をする意思決定はすごい**としか言いようがないが。

BLUE STAR burger gourmet 113

ブルースターバーガーのコンセプトストアとして2022年1月にオープンした同店。店名にも入る113gの食べごたえのあるパティが売りだった。店内はセルフレジ、テイクアウトはスマートフォンアプリで注文・決済することでスムーズな受け取りをめざした。株式会社ダイニングイノベーションのプレスリリースより。

パティ＝牛肉は、もう古い？

プラントベースフードとハンバーガーの関わり

最近頻繁に目にするようになった**「プラントベースフード」**という用語。植物由来の原材料を使用した食品を指す。動物性食材に比べて低脂肪でヘルシーであること、植物由来の食材は畜産に比べて生産時の環境への負荷が少ないこと、動物の命を奪わないという動物福祉への配慮などが動機となり、**ここ数年取り入れる人が多い食のあり方**だ。国連が掲げる「持続可能な社会」の形成の観点から、環境問題の解決につながるサスティナブルな食文化として注目が集まるほか、消費者の嗜好の多様化や、思想、宗教、健康上の理由により食事に制限がある人々の存在も背景にある。米国のプラントベースフードの市場売上規模は、2020年で**前年比28％増の6240億円**。2011年の調査時に比べ、約3・2倍に拡大している。日本国内での市場売上規模も2022年は**前年比6・6％増の1234億円**となり、この10年間では約2・2倍に拡大している（ともにTPCマーケティングリサーチ株式会社の発表より）。

プラントベースの代替肉商品もでまわっているが、米国を中心に世界の代替肉ビジネスで業界を牽引してきたのはビヨンド・ミートとインポッシブル・フーズの2社である。その2社が主力商品として力を入れてきたのは**「ファストフードハンバーガー用のミートパティ」**だ。その理由は主に二つで、一つはハンバーガーのパティは平板で均一な形状であるため、流通やオペレーションが標準化しやすいこと。もう一つはファストフードハンバーガー業界はすでに大きな規模があり、ハンバーガーというメニューもポピュラーであるため、多様な層に対してプラントベースフードをプロモーションできるという点である。ところがそんな思惑とは逆に、米国のファストフードチェーンでは**プロモーションの成果があまり上がっていない**という。米国のアナリストの分析によると「プラントベースフードは、ファストフードチェーンの価格帯に対し高すぎる」「プラントベースフードがそもそも本物の肉よりも健康的であるかという点に消費者が懐疑的」ということが原因として考えられるとされている。

ここ数年、業務用のプラントベースフードの開発に取り組んできた吉澤氏は「プラントベースフードのミートパティは、日本よりも需要が多いと思える海外においてすら売り上げが下降気味。開発競争は一段落したが、解決できていない問題点は味覚と価格の部分で、ミートパティの場合だと、どんなに頑張っても**最終的に牛肉を使う場合に比べて1・5倍の価格**になってしまう」と言う。言葉は悪いがあえてダイレクトに表現すると**「高くて、おいしくない」**という評価だ。ただ、食料危機や環境への配慮などを考えると、すべて一気にプラントベースにせずとも、部分的に使用したり段階的に移行したりすることを考える必要があるかもしれない。吉澤氏も「従来の動物性の原材料と植物由来の原材料をハイブリッドで使用し、味覚や食感、価格の部分の折り合いをつける試み」を見据えているという。プラントベースフードの活用は現段階ではやや緊急性の薄い、企業の努力目標のような部分でもあるが、食料危機が現実となる前にできる限り研究開発は進めておくべきではあると陰ながら思う。

ジビエ×ハンバーガー

「ハンバーガーを商品として扱う企業として今やるべきことは、**プラントベースフードの開発よりジビエ商品のビジネス戦力化**」と、吉澤氏は常々口にする。鹿や猪などのジビエは、個体や部位にもよるが野趣あふれる味わい、高タンパク質、低脂肪であることが魅力とされるも、現実的には捕獲された個体のうちジビエとして市場に出荷されるのは10％ほ

ビヨンド・バーガー

ビヨンド・ミート社が開発したハンバーガーの代替肉パティと、それを使ったハンバーガー。エンドウマメのタンパク質成分を利用している。2022年に日本でも同社の製品「ビヨンド・ビーフ」が手に入るようになり、価格は1ポンド（約453.6g）で1598円。

写真：steheap - stock.adobe.com

どでしかなく、残りは廃棄になるというデータがあるという。さらには増えすぎた鹿や猪が、農林業や地域社会に深刻な被害をもたらし大きな問題となっている。吉澤氏の意図は、ハンバーガーのミートパティにジビエを使い消費の拡大を図ることによって、命を無駄にすることなく、地域貢献につなげるとともに、サスティナブルな社会実現へ取り組むことである。しかし、実際の現場では、ハンターの高齢化と後継者不足、捕獲後に迅速に処理して臭みのない高品質な肉にすることの困難さ、食肉部分の歩留まりの少なさなど、ジビエが大きなビジネスとしてなかなか成立しにくい根本的な問題がある。それでも吉澤氏は**「ジビエバーガー」を広めることで、ハンバーガー業界として社会貢献ができる**という思いを持って商品開発に取り組んでいる。

吉澤氏作ジビエバーガー

ジビエバーガーの試作の様子。パティは鹿肉と牛肉の合挽で作り、ソースとして鹿肉のラグーをパティの上にのせている。鹿肉は脂がほとんどないため、和牛など脂肪が多い牛肉と合挽にするのがおすすめだという。ラグーにはガラムマサラや山椒を加え、風味のアクセントに。

ハンバーガーのこれから

グルメバーガー職人のハンバーガーをＡＩはコピーできるか？

ＡＩ（人工知能）は、ここ数年で急速に実用化が進んで日常生活に浸透してきた。身近なところだと、スマートフォンの音声アシスタント機能、乗用車の自動運転システム、「ChatGPT」といったチャットサービスなど。将棋の世界ではすでにＡＩがトップランクのプロ棋士に勝利するレベルまで来ている。料理の世界でも、ＡＩによるレシピ提案やＡＩ搭載の調理ロボットなどがすでに実用化されている。では、ハンバーガーの世界でＡＩはどれほど活躍できるか？　筆者の考える少し飛躍的な結論から言ってしまうと、**「ファストフードハンバーガーはＡＩで作れるが、グルメバーガーは無理」**だ。

ファストフードハンバーガーは、第３章に記した通りすべてのオペレーションの流れがマニュアル化され、データとして数値化されているので、機械でコントロールできる。そのため、設定通りに起動する調理ロボットがいれば、人間のスタッフが行うレベルのオペレーションが可能である。実際、２０１８年には**世界で初めてハンバーガーをロボットが作る「クリエーター」**という店が米国・サンフランシスコに登場。また、２０２２年には米国のスタートアップ、ロボバーガー社が全自動ハンバーガー自動販売機「ロボバーガー」の提供を開始した。

しかし、「人が要」であるグルメバーガーは、ロボットやAIが作れるものではない。吉澤氏も「いくらAIが優秀になっても、脳（人工知能）からの発信に対して**〝感覚〟による細かい動作ができるボディがないと難しい**」という考えだ。ボディはオペレーションを実際に行うロボットのようなイメージだが、それが〝感覚〟を持たない限り難しいというのだ。グルメバーガーの作り手は、その時の食材や料理の状態を感覚でとらえながら、経験値で微調整するという作業を行っている。たとえばミートパティを焼く時は、スパチュラから伝わる微妙なミートパティの芯温を手で

ロボバーガー

ハンバーガーを全自動で4分以内に焼き上げて組み立てる自動販売機。①パテを鉄板に載せて両面を焼く②パンをトーストする③調味料で味付けする④ハンバーガーを組み立てる⑤提供、という流れだ。米国内の空港、ショッピングモール、大学、オフィス、工場などへの展開が進められている。ロボバーガー社のウェブサイトより。
https://theroboburger.com

とらえ、目、耳、鼻も駆使しながら、火の入りを見極めて火から下ろす。この感覚はデータで教えられないので、**学習できないものはAIには実現できない**。現在すでに実用化が進んでいる鮨ロボットの世界で言うと、「すきやばし次郎」のシャリのデータを学習させれば、それと同じシャリは作れるだろうが、人間の鮨職人がそのつど行っている、その時のネタの状態に合わせたシャリの〝ぬくもり〟の調整といった部分は再現できない、ということだ。これはハンバーガーや鮨だけでなく、人間が作るすべての料理に当てはまることだと思う。

そういえば以前、筆者が運営していた店で、同じ人間が仕込んだ同じ食材一式で、同じ機器を使って、吉澤氏と同店のチーフが同じハンバーガーを作ったことがあった。できあがりを比べてみると見た目は吉澤氏の作品の方が立ち姿がやや美しい、くらい。しかし**試食してみると、ビックリするほど味が違った**。違う食材で作ったものかと思うほど違うのだ。吉澤氏のハンバーガーは、口の中で食材が生きているのではないかと思うほど生き生きとしていておいしかった。微妙な塩の塩梅、焼き具合、提供温度だろうか、はっきりとした理由はわからないが、結局料理のおいしさというものは、昔から言われるように料理人の技術、経験、コツ、センス、感覚に集約されるのだろう。

ハンバーガーが『ミシュランガイド』に掲載される日をめざして

『ミシュランガイド東京』2015年版で初めて「ラーメン」というカテゴリーがビブグルマンに掲載された時、それまで自分のハンバーガービジネスには関係ない世界の話だと思っていた**ミシュランガイドの存在が、急に身近に思えた**。翌年の2016年版では、ラーメン店がなんと一つ星を獲得。その瞬間、ハンバーガー店がミシュランガイドに載ることがさらに一気に現実的に思え、日本のミシュランガイドに「ハンバーガー」というカテゴリーが作られることを目標にするようになった。現在筆者は自分でハンバーガー店を運営しているわけではないので、ハンバーガーという食文化を掘り下げる研究家としての側面から場を整え、特定の店舗ではなく**ハンバーガー業界全体を応援するという立場**である。そういった流れもあって、極めてポピュラーでありながら食文化として認識されていないハンバーガーという食べ物の裏にある技術を伝えたいという意味を込め、2018年に吉澤氏と前著『ハンバーガーの発想と組み立て』（誠文堂新光社）をまとめた。

さらに、そんなわれわれの背中を後押しするようにミシュランガイド東京の2019年版では、「おにぎり」というカテゴリーがビブグルマンとして登場。おにぎりは、日本において昔も今もなじみのある食文化であることは疑いようがないが、店舗に「わざわざ食べに行く」ことは極めて稀である。そのため、店の営業に対しての評価というより、おにぎりという食文化に対し、その**素材や調理技術、提供法へのリスペクトを含めてカテゴリー化**したのだろうと推測している。それは料理店のガイドブックとして一つのすばらしいコンセプトの広げ方だ。

ハンバーガーは、ファストフードとしてのイメージが大きいことに加え、中に挟むものの自由度が高いゆえに一貫性がなく、**世間にも「料理」としてまだ認められていない**と感じる。また、断片的にではあるが伝え聞くミシュランに関わる談話や推測をつなぎ合わせてみると、ハンバーガーを提供する店は膨大にあるものの、対象となるようなグルメバーガー専門店が少ないことがネックのようだ。ミシュランガイドへその店を掲載してしまうと、長蛇の入店待ちの列が恒常化し、店は営業に追われて、オペレーション重視のビジネスモデルにシフトせざるを得なくなることもある。それでは本末転倒であり、食文化や店を壊してしまうことを危惧するゆえ慎重になっている、ということらしい。ごもっともなお話だが、それでもまずは日本独自のグルメバーガーという食文化の認識・周知に努めるため、ハンバーガー業界で一致団結して、ミシュランガイド東京にカテゴリーを作りたいと考える。このままハンバーガーの世界が誤解され続ける方が、**業界、ひいては各店にとって不利益**だと考えるからだ。もし念願かなってカテゴリーの一つにしてもらえる時は、米国料理でなく日本独自のハンバーガーとして扱っていただけると本望だ。ミシュランガイドの対象は、数あるハンバーガーの中でも間違いなくハンバーガー職人たちが作るグルメバーガーであり、それは**日本で発展したオリジナルな食文化**だからである。

1950年前後に米国から日本に上陸し、各地の米軍基地付近を中心に広まっていったハンバーガーであるが、その後50年以上が経過し、ハンバーガーの中でもグルメバーガーと呼ばれる日本独自のハンバーガーの世界が誕生した。米国のハンバーガーは、ある意味、豪快にかぶりついて肉を食べるための〝手段〟とも言える。一方、肉料理ではあるものの肉だけを偏重して楽しむのではなく、店主が選び抜いた一つ一つの食材の**組み合わせのハーモニー**を味わうのが日本のグルメバーガーだ。グルメバーガーの作り手は、ハンバーガーのパーツが口に入った時に「口中調味」が起こることを考えて、各パーツが口に入る順番や量、温度を**意図的にプロデュースしてビルド**する。ビルド順は、そのハンバーガーで表現したいことを示したメッセージのようなもの。それを食べ手が食して受け取るという特別なコミュニケーションが成立した時に、食文化としてのグルメバーガーの価値が浮き上がってくる。ビジネスモデルも、ほかのハンバーガーとは異なる。工場で製造された食材やパーツをマニュアルに則ったオペレーションで作り、大量に販売することで利益を上げるのがファストフードハンバーガー。しかしグルメバーガーは、個人経営の店主が自ら食材を選び、仕込みを行い、調理して目の前のお客に提供する。ファストフードハンバーガーよりも高価格帯なので、大量に売ることを目的とせず、1点1点丁寧に心を込めて作り**おいしさという価値を提供することを第一義**とする。

これを料理や食文化と言わずして何と言おう。グルメバーガーは日本独自の、れっきとした食文化の一つなのである。このことをまずはハンバーガー業界、そしてハンバーガーを食べ手として楽しむ方々に伝え、いずれはミシュランガイドのカテゴリーになるくらいの食文化として認められるように尽力する。それが筆者のこれからの使命である。

日本のハンバーガー業界年表

1948年
▼東京・日比谷にハンバーガーやソフトクリームを提供するレストラン「ニューワールドサービス」が開店（2007年閉店）

1950年前後
▼米軍基地（横田空軍基地、横須賀海軍基地、佐世保海軍基地、沖縄県の米軍基地群など）に駐留した米軍関係者より、その周辺の街にハンバーガーが伝えられる

1950年
▼東京・六本木に日本初のハンバーガー専門店と言われる「ザ・ハンバーガー・イン」が開店（2015年閉店）
▼山形県東根市にハンバーガー店「ほそやのサンド」が開店（1953年に宮城県仙台市に移転）

1952年
▼静岡県熱海市にハンバーガーを提供する喫茶店「ボンネット」が開店

1963年
▼米国統治下の沖縄県北中城村に「A&W」屋宜原店が開店。米国の統治下ではあるが、ハンバーガーを主体とするファストフードチェーンの日本上陸第1号となった

1970年
▼東京都町田市に、ダイエーグループが日本初のハンバーガーチェーン「ドムドムハンバーガー」1号店を開店
▼米国KFC（ケンタッキーフライドチキン）が、大阪で行われた日本万国博覧会に実験店を出店。同年11月に日本1号店となる名西店を開店
▼大阪・心斎橋に東食ウインピーがハンバーガーチェーン「ウインピー」を開店（1971年閉店）。米国で設立され、当時イギリスの企業が経営していたウインピーは、日本に進出した初の海外の外食チェーンとされる

1971年
▼神奈川県茅ヶ崎市に、ゼネラルフーヅ社が米国のハンバーガーチェーン「バーガーシェフ」日本1号店（実験店舗）をドライブイン形式で開店（のちに閉店）
▼東京・銀座に「マクドナルド」日本1号店がテイクアウト専門店として開店

1972年
▼東京・成増に「モスバーガー」が実験店、1号店を開く
▼東京・日本橋にロッテグループの「ロッテリア」1号店が開店

1973年
▼明治乳業がハンバーガーチェーン「明治サンテオレ」を創業（現在は母体が変わっている）
▼江崎グリコ株式会社の子会社がファストフードチェーン「グリコア」を創業（1993年閉業）。ハンバーガーは1975年からサブメニュー、1978年から正式なメニューに
▼ファストフードチェーン「スノーピア」を運営する雪印スノーピア株式会社が設立（現在は消滅）

日本のハンバーガー業界年表

１９７４年

▼株式会社不二家傘下の株式会社シェフジャパンが「バーガーシェフ」横浜西口店を開店し、再展開を進める（現在は撤退）

１９７５年

▼東京・三田に、株式会社レストラン森永がハンバーガーチェーン「森永ＬＯＶＥ」１号店を開店（２００１年に消滅）

▼兼松江商株式会社が米国のハンバーガーチェーン「ハーディーズ」を日本上陸させる（現在は撤退）

１９７７年

▼東京・池袋に、サントリー株式会社傘下の「ファーストキッチン」１号店が開店

１９８０年

▼ダイエーグループのウェンコ・ジャパンが東京・銀座に「ウェンディーズ」日本１号店を開店（２００２年に株式会社ゼンショーホールディングスに売却、２００９年に撤退）

１９８１年

▼東京・新橋駅構内に日本食堂がハンバーガーチェーン「サンディーヌ」１号店を開店（現在は消滅）

１９８３年

▼ＷＤＩグループが、イギリス・ロンドンに１号店があるアメリカンダイナー「ハードロックカフェ」を日本で展開開始

１９８５年

▼東京・広尾にハンバーガー＆サンドイッチ店「ホームワークス」が開店

１９８６年

▼東京・新宿に、ファミリーレストラン大手のロイヤル株式会社傘下の「ベッカーズ」１号店が開店（２０２３年にブランドクローズ）

▼ハンバーガーを定番メニューとして持つ沖縄のローカルファストフードチェーン「ジェフ」が創業

▼株式会社サトが米国のハンバーガーチェーン「ホワイト・キャッスル」を日本上陸させる（のちに撤退）

１９８７年

▼「１００円バーガー」を売りにしたハンバーガーチェーン「バーガーシティ」が大阪で開業。ピーク時には関西を中心に４００店舗以上あったが、現在は個人経営の形で１店舗のみ残っている

▼北海道函館市で「手づくりご当地ハンバーガー」を謳う「ラッキーピエロ」が創業

１９８８年

▼ロッテリアが系列店「ロロバーガー」１号店を開店（現在は消滅）

１９８９年

▼ファミリーレストランを運営する株式会社フレンドリーが米国のハンバーガーチェーン「カールスジュニア」日本１号店を大阪に開店（数年後に撤退）

▼東京・六本木に米国のハンバーガーチェーン「ジョニーロケッツ」が開店（のちに撤退）

1990年

▼「ベッカーズ」がJR東日本の系列会社傘下となる

▼東京・五反田に「7025フランクリン・アベニュー」が開店

1992年

▼東京・富ヶ谷に「フレッシュネスバーガー」1号店が開店

1993年

▼埼玉県入間市に、西武グループが米国のハンバーガーチェーン「バーガーキング」日本1号店を開店（2001年に撤退）

1995年

▼コンビニエンスストアの「ミニストップ」が店内調理のハンバーガーを提供開始（現在は終了）

▼東京・三宿にサンドイッチ&ハンバーガー店「ファンゴー」が創業（ハンバーガーの提供開始は2005年頃より）

1996年

▼東京・本郷にハンバーガー店「ファイヤーハウス」が開店

1997年

▼東京・青山にフォーシーズグループが「クア・アイナ」日本1号店を開店

1999年

▼東京・渋谷にワタミフードサービス株式会社が米国のアメリカンダイナー「TGIフライデーズ」の日本1号店を開店

▼東京・神楽坂にモスバーガーの新業態として「MOS'S C（モスズシー）」が開店（現在は消滅）

2000年

▼東京・新宿に株式会社ベイクルーズが、現在の「J.S.バーガーズカフェ」の前身となる「スタンダード・デリ」を開店

▼東京・人形町にハンバーガー店「ブラザーズ」が創業

2003年

▼東京・中野に佐世保バーガー店の「ザッツバーガーカフェ」が開店（現在は閉店）

▼東京・阿佐ヶ谷に、「ヴィレッジヴァンガード」がハンバーガーダイナー「ヴィレッジヴァンガードダイナー」1号店を開店

2004年

▼「モスバーガー」のファストカジュアル業態「緑モス」1号店が開店

2005年

▼ファミリーレストランの大手「サイゼリヤ」が、東京・十条に新業態のファストフード店「イート・ラン」を開店（現在は消滅）

2007年

▼東京・六本木にヘルシーなハンバーガーを売りにするハンバーガーチェーン「Rバーガー」が開店（現在は消滅）

▼ロッテグループと株式会社リヴァンプの共同出資により、「バーガーキング」が日本再上陸

2009年

▼東京・原宿に、ハワイ発祥の「テディーズビガーバーガー」日本1号店が開店

2010年

▼東京・東急プラザ赤坂に、米国のアメリカンダイナー「フーターズ」日本1号店が開店

2011年

▼株式会社ヒガ・インダストリーズによって、東京・表参道に「ウェンディーズ」再上陸1号店が開業

2012年

▼東京・青山に、ユナイテッド&コレクティブ株式会社がハンバーガーチェーン「ザ・サードバーガー」1号店を開店

2014年

▼東京・六本木に「ウルフギャング・ステーキハウス」が上陸

▼東京・六本木に「BLTステーキ」が上陸

2015年

▼アパレルブランドを運営する株式会社トゥモローランドにより、東京・自由が丘に米国のオーガニックハンバーガーチェーン「ベアバーガー」日本1号店が開店（現在は撤退）

▼「ドムドムハンバーガー」を運営していた株式会社オレンジフードコートが、健康志向の高い人向けの「ディーンズ バーガー」を展開開始（現在は消滅）

▼東京・吉祥寺に、「フレッシュネスバーガー」の新業態であるフルサービスのカフェダイニング「クラウンハウス」が開店（現在は閉店）

▼株式会社サザビーリーグが東京・外苑前に「シェイク シャック」日本1号店を上陸させる

▼「オトナスタイル」を謳うモスバーガーの新型店舗「モスクラシック」が東京・千駄ヶ谷に開店（現在は「モスプレミアム」に変更）

2016年

▼株式会社ミツウロコグループホールディングスにより、「カールスジュニア」が日本再上陸

2017年

▼東京・青山に「ウマミバーガー」が上陸

▼東京・六本木に「ザ・カウンター」が上陸

▼東京・六本木に「ベンジャミンステーキハウス」が上陸

▼東京・六本木に「エンパイアステーキハウス」が上陸

2018年

▼東京・渋谷に「ファットバーガー」が上陸

2020年

▼東京・中目黒に「ブルースターバーガー」1号店が開業（2022年にブランドクローズ）

2021年

▼東京・大井町にチキンバーガー専門店「トリキバーガー」1号店が開店

参考文献

『ハンバーガーの世紀』ジョシュ・オザースキー 著／市川恵里 訳、河出書房新社、2010

『ハンバーガーの歴史』アンドルー・F・スミス 著／小巻靖子 訳、P-Vine Books、2011

『ハンバーガーの発想と組み立て』白根智彦 著／吉澤清太 技術監修、誠文堂新光社、2018

『ザ・バーガー』柴田書店 編、柴田書店、2018

『ザ・バーガーマップ東京』松原好秀 監修・取材・執筆／新井由己 撮影、幹書房、2014

『リッチ リッチ バーガーズ〜ハンバーガーを食べまくるハンバーガー日記〜』イノウエシンゴ 著、洋泉社、2007

『食と文化の謎』マーヴィン・ハリス 著／板橋作美 訳、岩波書店、2001

『レストラン用語事典』井上恵次 著、商業界、1986

『外食を救うのは誰か』鷲尾龍一 著、日経BP、2022

『Zの精神 日本一のグルメバーガー店の最後までやり通す経営哲学』北浦明雄 著、PHPエディターズ・グループ、2021

『ファストフードが世界を食いつくす』エリック・シュローサー 著／楡井浩一 訳、草思社、2001

『おいしいハンバーガーのこわい話』エリック・シュローサー＆チャールズ・ウイルソン著／宇丹貴代実 訳、草思社、2007

『食の実験場アメリカ ファーストフード帝国のゆくえ』鈴木透 著、中公新書、2019

『成功はゴミ箱の中に レイ・クロック自伝 世界一、億万長者を生んだ男 マクドナルド創業者』レイ・クロック＆ロバート・アンダーソン 著／野地秩嘉 監修・構成／野崎稚恵 訳、プレジデント社、2007

『Hamburger Heaven: The Illustrated History of the Hamburger』Jeffrey Tennyson, Hyperion, 1995

『HAMBURGER STREET 00』『HAMBURGER STREET 01』松原好秀 発行・編集

『RiCE No. 17』ライスプレス株式会社、2021

『Cafe & Restaurant 2007年9月号』旭屋出版

『別冊Lightning Vol.49ハンバーガーの本』枻出版社、2008

『別冊Lightning Vol.64ハンバーガーブック』枻出版社、2009

著者・監修者紹介

著 白根智彦

フードイノベーション・プロデューサー
バーガー研究家
株式会社イエローズ代表取締役
通称「黄色い社長」

1965年生まれ、学習院大学経済学部卒業。新卒でベッカーズ株式会社に入社し、ファストフードハンバーガーチェーン「ベッカーズ」、カフェチェーン「ベックスコーヒーショップ」の立ち上げに従事する。その後M＆Aによりジェイアール東日本フードビジネス株式会社となってからはイタリアン、立ち食いそば、回転寿司、おむすび、カレーなど30業態以上のエキナカ事業のメニュー開発を担当。2010年に独立し、飲食コンサルティングを手掛けつつ、複数のワインビストロを運営する。地域の食材探しからコンセプト設計、メニュー化、マーケティング、消費者に届くまでのバリューチェーン構築はもちろん、再現性の高いオペレーション戦略で手腕を発揮。価値ある“食財”を求め神出鬼没に飛びまわっている。ハンバーガーとはベッカーズ入社以来30年以上関わりを持ち、日本で唯一のバーガー研究家を名乗る。

調理技術監修 吉澤清太

アメリカンフード研究家
ジビエ料理研究家
タコス協会公認Tacos研究家

1968年生まれ。焼肉店やレストラン、カフェ、ホテルなど20軒近い飲食店での勤務経験がある。アメリカンダイナー「ハードロックカフェ」、サンドイッチ＆ハンバーガー店「FUNGO」などでの修業を経て、2005年にハンバーガー店「GORO'S★DINER」を開業。日本のグルメバーガー界のパイオニアとして、現在の日本のグルメバーガーの流行を作った。その後「A&G DINER」の運営を得て、2015年にバーガーキング・ジャパンの商品開発責任者に就任。３年間商品開発を担う。その後、株式会社ロッテリアで商品開発責任者を務める。キャンプおよびBBQのエキスパートでもあり、愛車はChevrolet 1991 Chevy Van G10 shorty。

ハンバーガーとは何《なに》か？
歴史《れきし》、調理《ちょうり》技法《ぎほう》、ビジネスから読《よ》み解《と》くハンバーガーの“本当《ほんとう》の姿《すがた》”

2024年2月25日　初版第1刷発行

著者　白根智彦
調理技術監修　吉澤清太
発行者　西川正伸
発行所　株式会社グラフィック社
〒102-0073
東京都千代田区九段北1-14-17
Tel. 03-3263-4318（代表）　03-3263-4579（編集）
Fax. 03-3263-5297
https://www.graphicsha.co.jp
印刷・製本　図書印刷株式会社

ISBN978-4-7661-3831-3